PHILOSOPHISCHE PERSPEKTIVEN

Gunnar Kaiser
& Jochen Kirchhoff
im Gespräch

PHILOSOPHISCHE PERSPEKTIVEN

Wahrheit, Menschsein
und Lebenssinn

Gunnar **Kaiser** &
Jochen **Kirchhoff**
im Gespräch

Ein Denk- und Gedenkband

**edition** *dionysos*

Bibliografische Information der Deutschen Nationalbibliothek:
Die Deutsche Nationalbibliothek verzeichnet diese Publikation in der
Deutschen Nationalbibliografie; detaillierte bibliografische Daten sind
im Internet über http://dnb.dnb.de abrufbar.

| | |
|---|---|
| Transkripte: | Wolfram Bahmann |
| Korrektorat: | Uli Fischer |
| Layout & Satz: | Wolfram Bahmann, Uli Fischer |
| Videos: | Gunnar Kaiser, Jochen Kirchhoff |
| Fotos: | pers. Youtube-Kanäle/Homepage |
| Coverfoto: | pixabay |
| Verlag: | BoD · Books on Demand GmbH, In de Tarpen 42, 22848 Norderstedt |
| Druck: | Libri Plureos GmbH, Friedensallee 273, 22763 Hamburg |
| ISBN: | 978-3-7597-4398-5 |

# Inhalt

# ... in Erinnerung

In seinem Live-Stream schreibt Gunnar Kaiser im Juni 2023:

„Die Anerkennung der eigenen Endlichkeit und Vergänglichkeit kann zu einer tiefen Transformation der Lebensperspektive führen. Im heutigen Livestream geht es um Aspekte wie das Bewusstsein der Vergänglichkeit, das Setzen von Prioritäten, die Akzeptanz des Unvermeidlichen und die Suche nach dem Sinn des Lebens. Durch diese philosophischen Einsichten wird aufgezeigt, wie das Bewusstsein der Endlichkeit zu Mut, Dankbarkeit und einem bewussten Umgang mit der Zeit und den vermeintlich kleinen Dingen des Lebens führen kann."

*Ich bin nicht tot,*
*ich tausche nur die Räume,*
*ich leb' in Euch und*
*geh' durch Eure Träume.*

(Michelangelo)

# Beweggrund

Was war der Impuls zur Erstellung dieser Texte?

Der nach schwerer Krankheit im Oktober 2023 verstorbene Gunnar Kaiser hat in den letzten Jahren auf seinem Youtube-Kanal kaisertv mit vielen Persönlichkeiten intensive philosophische Gespräche über aktuelle Themen dieser Zeit des Umbruchs geführt und aufgezeichnet. Besonders häufig war sein Gesprächspartner der Philosoph Jochen Kirchhoff aus Berlin. Beiden lag und liegt eine große Denktiefe zu Wahrheit, Menschsein und Lebenssinn am Herzen.

Obwohl ich Gunnar Kaiser leider nie persönlich kennengelernt hatte, sah ich mich aufgrund seines ermutigenden Wirkens während der Corona-Krise, das vielen Menschen ein Trost war, veranlasst, einen Nachruf bei manova.news zu verfassen.

Sein Todestag jährt sich jetzt zum ersten Mal. Dieses Büchlein erscheint zu seinem Gedenken und zur Erinnerung an seine Botschaft. Die Transkripte wurden für eine gute Lesbarkeit behutsam angepasst.

Wolfram Bahmann
im Oktober 2024

# Begleitwort

von Jochen Kirchhoff

Lieber Gunnar (ich erlaube mir, dich sozusagen posthum anzusprechen), die fünf Videos, die wir zusammen gemacht haben, waren für mich eine Freude. Du warst ein wunderbarer Moderator, der sich nie in den Vordergrund drängte oder schlicht zuviel redet. Vielmehr war dir stets daran gelegen, dem Interviewten, in diesem Fall mir, die Möglichkeit zu geben, das mir Wichtige wirklich darzustellen in der erforderlichen Breite und Intensität. Das war wohltuend und erleichternd. So konnte an keiner Stelle etwas Bemühtes oder gar Ideologisches das Geschehen bestimmen. Und es kam wirklich ein Gespräch zustande, das diesen Namen verdiente.

In den ersten Corona-Monaten war ich im Netz immer wieder auf dich und deine Videos gestoßen, obwohl es dann eine Weile dauerte, bis mir der Gedanke kam bzw. mir nahegelegt wurde, nun den Kontakt mit dir zu suchen. Auch bedurfte es einer Brücke. Diese war ein Video, das ich am 12. Dezember 2020 auf meinem Kanal veröffentlichte, mit dem vielleicht eigenartigen Titel „The Great Reset als technische Welterlösung?", das damals in der Corona-kritischen Szene auf starke Resonanz stieß und auch dann dich, Gunnar, erreichte und auch beeindruckte. So kamen wir zusammen. Unser erstes Video war dann am 2. Januar 2021. Das Video wurde in einem Hotelzimmer aufgenommen.

Du selbst hattest die Aufnahmegeräte gruppiert, da gerade

kein Aufnahmeprofi zur Verfügung stand. Es war ein furioses und schnelles Gespräch. Ich selbst saß etwas ungünstig, fast eingeklemmt, in dem kleinen Raum. Das hat mich wenig irritiert. Der Furor trug uns über die volle Länge des Gespräches. An keiner Stelle schwächte sich die seelisch-geistige Grundenergie spürbar ab.

Das zweite Video fand im Zig Zag in Berlin-Friedenau statt. Diesmal ging es um die Frage, warum die Künstler mehrheitlich in Schweigen versanken angesichts der massiven Grundrechtseinschränkungen, die ganz Deutschland im Griff hatten. Der kritische Geist vieler Künstler, hier speziell der Musiker, wirkte wie gelähmt. Warum? Diese Frage beschäftigte uns. Irgend etwas war geschehen, mit dem wir nicht gerechnet hatten. Wir führten ein wunderbares und lebendiges Gespräch, wie es dann auch später geschah.

Ich hätte gerne mit dir nach unseren fünf Gesprächen, die aufgezeichnet vorliegen, noch viele weitere Gespräche geführt. Aber dazu kam es nicht mehr. Immer wieder haben wir uns per Mail ausgetauscht und Themen ventiliert. Aber irgendwann ging es nicht mehr. Ich hatte immer geglaubt, du würdest deine Erkrankung durchstehen und überleben. Aber es kam anders, wie wir wissen.

Auf jeden Fall bleibst du in meiner Erinnerung sehr lebendig. Du warst auf deine Weise einmalig und großartig. Wie ganz wenige Menschen, die mir begegnet sind. Ich bin dankbar dafür, dass wir Gelegenheit hatten, zusammen etwas zu bewegen in dieser irrwitzigen Zeit. Mach's gut. Und mögen gute Geister dich begleiten. Das wünsche ich dir von Herzen.

*„Erst wenn wir uns des eigenen Selbst gewahr werden, wenn wir eine eigene Stimme bekommen und den Mut aufbringen, mit dieser eigenen Stimme zu sprechen, und wenn wir wieder Vertrauen in die eigene Wahrnehmung, die eigenen Ideen, Gedanken und Lebensentwürfe fassen – erst dann lässt sich lernen, frei zu denken."*

Gunnar Kaiser – „Der Kult"

# Die Fremdbestimmung ist extrem geworden

Transkript des Gesprächs in Berlin
am 2. Jan. 2021

## Überblick

In diesem Interview spricht der Philosoph Jochen Kirchhoff über den Einfluss der Technologie im wissenschaftlichen Zeitalter und der sog. Corona-Pandemie. Er äußert Überraschung über den Verlauf der Pandemie und die ergriffenen Maßnahmen. Kirchhoff reflektiert das Fehlen einer Reaktion vieler Philosophen und Intellektueller und hat keine hohe Meinung von der universitären Philosophie. Er glaubt, dass die reduktionistische Natur der wissenschaftlichen Weltsicht, die sich auf die physischen und messbaren Aspekte der Realität konzentriert hat, das Verständnis davon, was es bedeutet, ein Mensch zu sein, verringert hat. Kirchhoff argumentiert, dass diese Reduktion zu einer Abwertung des menschlichen Geistes, der menschlichen Würde und der Einzigartigkeit des menschlichen Bewusstseins beigetragen hat. Er kritisiert die Idee, dass Menschen auf bloße Träger von Viren reduziert werden können, und beklagt, dass diese Reduktion eine Folge des Erfolgs und der Dominanz der abstrakten Naturwissenschaften ist. Kirchhoff erkennt den historischen Wunsch nach Unsterblichkeit an und stellt fest, dass einige Menschen nun glauben, durch biologische oder technologische Mittel Unsterblichkeit erreichen zu können. Er findet diese Idee absurd und argumentiert, dass sie das menschliche Erleben und die Bedeutung der Individualität weiter herabsetzt. Kirchhoff spricht auch über sein Konzept des „mega-technischen Pharaos", bei dem Menschen, während sie ihre eigene Bedeutung verringern, danach streben, Gott zu spielen, indem sie die Welt um sie herum kontrollieren und manipulieren. Er plädiert für ein holistischeres und metaphysisches Verständnis der Welt und betont den inhärenten Wert und die Würde des menschlichen Seins.

\* \* \*

## Gunnar Kaiser und Jochen Kirchhoff im Gespräch

**GK:** Hallo und herzlich willkommen bei kaiser.tv. Heute bei mir im Gespräch ist Jochen Kirchhoff. Jochen Kirchhoff ist Philosoph und Autor. Von ihm erschienen sind einige Bücher, zum Beispiel dieses Buch hier: „Räume, Dimensionen, Weltmodelle". Und wir sprechen über die Technologie im naturwissenschaftlichen Zeitalter, über Corona natürlich und über deine Sicht auf die Dinge, deine Philosophie. Jochen, schön, dass du da bist.

**JK:** Ja, ich freue mich auch, dass ich mit dir sprechen kann.

**GK:** Ja, du hast dich in vielen Büchern schon mit unserem Zeitalter beschäftigt und mit unserer Denkweise in unserem naturwissenschaftlich-technischen Zeitalter. Das, was jetzt in diesem Jahr auf uns zugekommen ist, hat dich das überrascht?

**JK:** Ja, ich muss sagen, das hat mich schon überrascht. In der Konsequenz war natürlich klar, dass so was mal kommen könnte, sagen wir mal, aber dass das über so ein Virus mit all den Maßnahmen, die dann folgten, gekommen ist, das hat mich schon überrascht. Ich war im Frühjahr irritiert. Ich war noch unsicher, was ist das eigentlich? Was kommt da? Was hat das zu tun mit meinem Denken? Müsste ich da Stellung nehmen oder so etwas? Und dann kam zunehmend der Gedanke auf: Dazu müsste man eigentlich auch als Philosoph was sagen. Und was wäre das? Und habe ich da was zu sagen? Oder sollte der Philosoph da schweigen, was ja viele tun, das wissen wir ja beide, dass viele Denker, in Anführungszeichen, Philosophen oder Salonphilosophen, wie auch immer, dazu einfach schweigen, nichts sagen. Das hast du ja auch mal in einem deiner Videos gesagt. Das Schweigen der Intellektuellen, da kommt gar nichts.

**GK:** Hat dich das gewundert?

**JK:** Nein, eigentlich nicht. Bei einigen war ich ein bisschen enttäuscht, da hätte ich mir ein bisschen mehr erhofft. Aber es hat mich deswegen nicht gewundert, weil ich eigentlich von der, sagen wir mal, herrschenden Philosophie, der sogenannten Mainstream-Philosophie oder auch akademischen

13

Philosophie, grundsätzlich nicht so viel halte. Da gibt es auch gute Leute. Das sind, sagen wir mal, gute Historiker, die haben viel gelesen, die können damit jonglieren, alles Mögliche [tun]. Das ist auch okay, da kann man gar nichts gegen einwenden. Aber Philologie und Historie ist mir zu wenig. Aber so ein richtig genuines Denken findet man kaum, auch bei sehr klugen Leuten. Sloterdijk ist ein sehr kluger Mann, aber in diesem Punkt, da hat er nichts zu sagen. Es ist einfach so, das mindert seine Qualitäten nicht, die er in anderer Hinsicht hat, nicht? Und bei den anderen? Der Italiener Giorgio Agamben, den habe ich ..., da war ich überrascht und richtig erfreut, als ich im März, glaube ich, schon auf Rubikon [ein zum Zeitpunkt des Gespräches bekanntes Online-Magazin, heute Manova] einen Artikel von ihm gelesen hatte, wo er schon ganz klar beschrieben hat, was läuft. Und Agamben ist ein sehr guter, kluger Denker, auch, ja, ein älterer Herr und so. Den hatte ich schon in den 2000er Jahren entdeckt, in seinen ganzen Reflexionen über das Mensch-Tier-Verhältnis. Da hat er sehr gute Sachen gesagt, und [Aussagen von ihm habe ich] auch in einem meiner Bücher verwendet. Also den schätze ich sehr, und da habe ich mich sehr gefreut. Ein prominenter Philosoph, der richtig substanziell sich jetzt äußern kann. Sonst: das Schweigen der Lämmer.

**GK:** Ja, er hat zum Beispiel gesagt, dass es eben jetzt nur noch um das nackte Leben geht und dass der Mensch eben reduziert wird in dieser Corona-Krise auf das nackte Überleben. Und diese Reduktion, die wir jetzt sehen, [der Mensch] nur noch als Träger von Viren oder als Krankheitspotenzial, ist ja auch etwas, was mit unserem Menschenbild und mit unserem Weltbild zusammenhängt.

**JK:** Ganz genau, das ist ja …, ich kenne diese Aussagen von ihm, und ich habe mich sehr darüber gefreut. Der Virenträger Mensch ist ja eigentlich eine Groteske. Das ist ja eigentlich so absurd, dass man es kaum in Worte kleiden kann. Wie kann das möglich sein, so ein Absturz, dass der Mensch sozusagen nur noch zum Körper degradiert wird, der infektiös ist? Der berühmte „Pandemische Imperativ" von Drosten, wozu du dich ja auch geäußert hast, also das ist einfach …, da fasst man sich an den Kopf, das kann man gar nicht verstehen. Aber es ist ja natürlich, das habe ich ja versucht auch zu sagen, gerade in dem letzten Video, [das] ist natürlich auch ein Grundtrend, dem Menschen das eigentlich Menschliche abzusprechen, ihn zu reduzieren ohnehin auf [den] Körper. Ein Biocomputer, ja, ein Biocomputer. Aber was ist Seele? Was ist Geist? Was ist Freiheit? Die Willensfreiheit zu demontieren, die gäbe es gar nicht. Die Menschen selber gibt es eigentlich nicht als selbstbestimmtes Subjekt. Es ist einfach nur Schein, ein Schein der Cerebralrinde, des Großhirns, und diese Dinge. Der Mensch wird ja total reduziert und eigentlich demontiert. Und die eigentliche menschliche Würde, was ihn auszeichnet, auch das Denken auszeichnet, das wird …, das verschwindet einfach auf eine gespenstische Weise. Und das finde ich einfach deprimierend. Aber eigentlich war es konsequent, dass es dahin kommen würde. Denn ich habe ja immer gesagt, ich gehöre zu den letzten Mohikanern, sage ich mal, die versuchen, die Menschenwürde in diesem tiefsten Sinne, also das muss man dann auch metaphysisch sehen, in dem tiefsten Sinne metaphysisch, sonst, was soll die Menschenwürde sonst noch sein, hochzuhalten? Ich habe den Menschen noch nicht aufgegeben, auch wenn die Menschenwürde überall mit Füßen getreten wird, glaube ich immer noch an ein Grund-Urpotenzial des Menschen, ein geistig-kosmisches Potenzial, das den Menschen auch noch rechtfertigt. Es geht auch um die Rechtfertigung des Menschen, gewisserweise.

**GK:** Ja, das ist ein schöner Begriff, gerade in diesen Zeiten, wo wir eigentlich so die Abschaffung des Menschen, wie C. S. Lewis das genannt hat, erleben oder eben eine starke Reduktion, was aber eben bedeutet, dass der Mensch nicht mehr in diesem humanistischen Weltbildverständnis als dieses Ganzheitliche, auch im Zusammenspiel von verschiedenen Ebenen, gesehen wird, sondern eben so reduziert wird. Wie hängt das mit dem naturwissenschaftlichen Weltbild zusammen, das wir seit 500 Jahren vielleicht haben?

**JK:** Na ja, das kann man eigentlich ganz gut zeigen. Was war denn der enorme Erfolg oder wodurch ist der enorme, der exorbitante Erfolg der abstrakten Naturwissenschaften denn entstanden? [Dadurch], dass sie von vornherein ganz bestimmte Dinge nicht eingeschlossen hat. Das kann man ja bei Galilei ganz deutlich sehen. Also die primären Qualitäten sind nur die Lage. Wo ist das, wie groß ist das, wie kann ich das messen? Der Fallvorgang, den kann ich beschreiben. Aber was es eigentlich ist, was die Schwere ist, das spielt gar keine Rolle. Also die Reduzierung des Menschen und alles, was den Menschen auszeichnet, Liebe und die ganze farbige Welt, das Licht, das, was den Menschen überhaupt zum

Menschen macht – das ist subjektiv, ist also sozusagen diese Spaltung, wird ja oft auch als Schizophrenie bezeichnet, zwischen dem subjektiven Menschen, der natürlich ein lebendiger Mensch ist, der streift durch Wald und Flur, kann sich vielleicht an Gedichten erfreuen, liebt seine Frau oder auch nicht, auf jeden Fall seine Kinder. Wie immer. Aber wenn er Naturwissenschaftler ist, dann ist das alles weg. Das spielt sozusagen ..., das ist seine Privatsache. Also der Mensch wird da auch reduziert. Aber es ist nicht so, nicht so radikal, wie das jetzt geschieht. Aber die Naturwissenschaften haben ihren enormen Erfolg gehabt, dass sie die Welt einfach zum Skelett sozusagen reduziert haben. Ich zitiere ja auch, glaube ich, im letzten Video, den Carl Friedrich von Weizsäcker, der mal gesagt hat: Die Naturwissenschaft, die abstrakte Naturwissenschaft ist das Stahlskelett unserer Kultur. Das Stahlskelett, also sehr schwer auch, sagen wir mal, umzustoßen. Auch die Schöngeister, sagen wir mal, auch die spirituellen Menschen, die geistig-kulturellen Menschen können das nicht. Das kann man zunächst auch gar nicht. Aber es ist aber trotzdem nicht das, was die meiste Anerkennung gewinnt. Auch Schöngeister sind davon abhängig. Wir alle sind davon abhängig. Das nenne ich ja den „Megatechnischen Pharao", nicht. Also die Naturwissenschaft hat sich auf einen schwierigen Weg begeben. Der hatte enorme Erfolge, in der Konsequenz, aber hat gleichzeitig ein Weltbild kreiert, was zunehmend gespenstischer, lebloser war. Das ist ja nicht nur der berühmte Descartes, der immer erwähnt wird. Dann wird Newton immer erwähnt. Das stimmt ja bei Newton nur zum Teil. Das habe ich ja auch in dem Buch, was du da hochgehalten hast, erwähnt. Newton hatte noch starke Elemente eines ganz anderen Weltbildes. Er war ja auch Hermetiker, nicht? Und er hat [sich] ja auch damit intensiv beschäftigt. Und für ihn war die Schwere letztlich auch ein Mysterium, letztlich auch ein göttliches Mysterium. Und das Göttliche war noch nicht weg. Und bei seinen Nachfolgern in diesem Bereich, da war das vollkommen eliminiert. Ja, es war geradezu peinlich geworden, wenn ein Naturwissenschaftler sozusagen diese andere Ebene, eine geistig-kosmische Ebene, spirituelle Ebene oder vielleicht sogar göttliche Ebene ernsthaft in Erwägung zieht. Als Erklärungsprinzip ist er [damit] unmöglich, das kann er gar nicht machen. Also die Welt wurde immer grotesker, die Kosmologie auch immer merkwürdiger, immer lebloser. Und da stehen wir nun und sehen die Gespenster um uns herum. Ich sage es ja manchmal auch: Der Mensch hat sich zum quasi-Nichts degradiert. Aber er spielt sich als quasi-Gott auf, und das hängt zusammen. Ja, er demontiert sich selbst. Und dann ist er der Gott, der sein eigenes Ego anbetet.

**GK:** Ja, in einer Hybris, die wir jetzt gerade eben erleben als seine Selbstermächtigung. Auf einmal können wir alles, aber eigentlich, wir kleinen Menschen merken, wir können eigentlich nichts. Wir sind gar nicht mal richtige Menschen, sondern nur Teile in der Maschine. Aber einige meinen, diese Maschine auch beherrschen zu können und sogar das menschliche Leben ja unsterblich machen zu können.

**JK:** Ja, ja, das ist ja auch eigenartig, dass das ein Gedanke ist, der natürlich sich auch durch die Jahrhunderte zieht, nicht. Es ist ja so ein, sage ich mal, ein Urinstinkt im Menschen oder ein Urimpuls: Unsterblichkeit. Mein Gott, wir sind sterbliche Wesen, das Fleisch verwest. Und was ist [das] denn eigentlich? Und dann kam sehr schnell der Gedanke auf, ja, die aufkommende Naturwissenschaft, kann die vielleicht sogar, vielleicht nicht in unserer physischen Existenz, aber so als Maschine, als höhere Maschine unsere Geist-Essenz auf einen Chip bringen, auf eine Maschine. Und das haben wir … , [das] ist ja früh gedacht worden. Und das hat ganz extrem schon dieser Quantenphysiker Frank Tipler, 1994 [behauptet], das war ein Bestseller, ein absoluter Bestseller. Die Leute waren verrückt nach diesem Buch „Die Physik der Unsterblichkeit". Auch in der Esoterikszene spielte es eine Riesenrolle. Alle Welt las das Buch. Oh, jetzt hat der … , die Quantenphysik hat bewiesen, dass wir unsterblich sind. Ja, diese Verheißung, diese auch irrwitzige Verheißung. Und das macht auch das Renommee dann, da wird plötzlich eine Geheimnisdimension aufgemacht, und die Physik beansprucht das für sich. Und dazu braucht sie nicht die Philosophie, um das noch gleich da anzuschließen. Wozu Philosophie? Gar nicht. Ja, ich weiß noch, dass ich mit Hans-Peter Dürr, dem Physiker, mal ein längeres Gespräch hatte. Da sagt er: Eigentlich habe ich immer noch Schwierigkeiten mit den Philosophen, weil die irgendwie erkenntnistheoretische Einwände haben und so, mit seiner Quantenmystik auch. Na ja, ist so eine eigene Modeströmung, ein bisschen abgeflacht, aber es war ja mal, wie du wahrscheinlich weißt, ist auch schon, sagen wir mal 40, 45 Jahre, fast 50 Jahre [her], so eine Quantenmystik. Viele sind darauf gesprungen, viele Intellektuelle haben sich daran erfreut. Die Quantenmystik, die ist einfach … , das ist das Rätsel der Welt, die Tiefe der Welt. Dabei ist es nichts weiter als ein mathematischer Formalismus, der sozusagen mystifiziert wird oder philosophisch aufgewertet. Und die Physiker selber halten sich für Philosophen. Ich meine, das weißt du ja genauso wie ich. Seit Kant ist das Primat der Forschung eigentlich abgegeben worden von den Philosophen. Früher waren sie die Leithengste, die Leitfiguren, sie haben etwas vorgegeben. Und ja, wozu dann überhaupt noch? Die wollten sich doch nicht stören lassen, die Physiker. Und obwohl sie natürlich alle das wissen, weißt du natürlich auch, dass sie sich natürlich bestimmter philosophischer Prämissen bedienen. Man kann überhaupt [Er]Forschung der Welt nicht betreiben ohne bestimmte Prämissen oder Voraussetzungen.

**GK:** Die uns aber nicht immer deutlich sind.

**JK:** Richtig, die auch die Physiker oder Naturwissenschaftler selber oft gar nicht durchschauen. Es müssen Annahmen gemacht werden, grundlegende Annahmen müssen gemacht werden, damit es überhaupt funktioniert, und bestimmte Dinge sind zugelassen, bestimmte Dinge sind nicht zugelassen. Also das ist ja ein ganz eigenes Feld. Und da haben die Naturwissenschaftler das Feld behauptet und halten es. Die spotten ja zum Teil auch über die Philosophie. Das ist ja wirklich ein arroganter Spott. Aber die Philosophie hätte eigentlich einiges zu sagen, auch erkenntnistheoretisch, zu halb gedachten, ja halb gehangenen Theorien, die die Physiker verbreiten, und zwar über alle Massenmedien. Ähnlich wie jetzt in der Corona-Geschichte haben die ja eine autoritäre Dominanz, auch Dogmatik, die ist ja umwerfend. Also ich bin zum Beispiel, wenn ich das kurz noch sagen darf, [bin] einer der schärfsten Kritiker im deutschen Sprachraum, vielleicht [weltweit] überhaupt, gegen den Urknall. Ich habe gute Argumente, dass das so nicht stimmen kann. Jetzt ist aber die *scientific community* da so stramm, so hermetisch geschlossen, dass jemand, der das kritisiert, keinen Artikel schreiben kann in einer Fachzeitschrift; im *peer-review*[-Verfahren] fallen die gleich durch. Das geht gar nicht, und sie werden in der Öffentlichkeit runtergemacht. Und das ist ganz ähnlich wie jetzt heute bei den Kritikern der offiziellen Doktrin, was denn das Coronavirus sei. Ich bin einmal, das habe ich auch in einem Buch geschrieben, bin ich eingeladen worden durch einen Fehler der Veranstalter. Aber das war vor 20 Jahren in der Urania, riesiges Ding, Urknall sozusagen, Symposion mit 800 Leuten, Fernsehkameras und alles. Und dann Jochen Kirchhoff mit auf dem Podium. Und dann haben die nicht ... , Ranga Yogeshwar hat moderiert, werde ich nie vergessen. Ranga Yogeshwar hat moderiert, und dann ging die erste Runde, und dann typisch, ich dachte ja, der Philosoph, der ist immer der Schöngeist, wir sind die Naturwissenschaftler. Ich dachte, jetzt wäre ich auch so angesprochen. Schön, dass auch ein Philosoph dabei ist. Der kann auch mal ein bisschen interessante Dinge dazu sagen. Aber letztlich liefern wir die knallharte Wissenschaft. Und dann kam die Reihe an mich, was ich vom Urknall halte, wie man das philosophisch betrachten kann. Darauf habe ich gesagt, ungefähr, ja, es ist eine interessante Hypothese, darüber kann man nachdenken. Aber stimmt das überhaupt? Dann merkte ich in der Runde: Hoppla! Und dann sagte ich: Ja, ich spiele jetzt mal den *agent provocateur* und habe dann die ganze Zeit dagegen gesprochen. Und dann hat mich der Yogeshwar, der fand das irgendwie witzig, ich spiele jetzt auch mal den *agent provocateur* und dann lief das so weiter und hinterher kriegte ich noch ein richtig großes Lob von dem Vorsitzenden der Deutschen Physikalischen Gesellschaft. Das haben Sie toll gemacht, großartig und so! Ich dachte: Wieso werde ich jetzt gelobt? Ich habe doch ständig dagegen gesprochen. Die haben das so gedacht: Da hat einer ihnen, sozusagen den Physikern, die Vorlage geliefert. Und dann wollte ich das auf meinen [Youtube-] Kanal bringen. Dann habe ich später gedacht, na gut, ist doch hochinteressant und das könnte man doch auch auf den Kanal bringen. Und dann habe ich bei der Physikalischen Gesellschaft angerufen, gesagt, da gibt es doch noch das Video. Hätten Sie was dagegen, wenn ich  das auf meinem Kanal [zeige]? Nein, gar nicht. Das können Sie ruhig machen. Aber dann haben sie geforscht. Wir finden das Video gar nicht. Finden das Video nicht? Aber Sie müssen das doch in Ihrem Archiv haben. Sie haben rumgefragt. Keiner weiß mehr was davon. Können Sie uns mal Ihre CD, Ihre DVD, die DVD schicken? Dann habe ich das gemacht. Und dann kam die Antwort. Dann haben Sie gefragt: Wer hat das eigentlich organisiert? Ranga Yogeshwar. Das Büro Yogeshwar hat gesagt: Das machen wir nicht. Dieses Video geben wir nicht frei für die Öffentlichkeit. Ganz witzig, die Urania und dann: Das machen wir nicht. Und dann war auch noch eine Androhung da drin. Sollten Sie das veröffentlichen wollen auf Ihrem Kanal, müssen Sie mit Konsequenzen rechnen. So, da war ich sozusagen, nur als Beispiel, ja, es gibt zig Beispiele dieser Art, kaltgestellt. Also da war eine nur … , da war man sozusagen der Wolfgang Wodarg der Physik plötzlich, ja. Mich interessiert vor allen Dingen, wie die Dinge sind, wie sie wirklich sind. Hypothesen, Theorien, Dogmen, Vermutungen, Phantasmen. Kann alles ganz witzig sein, aber wie sind die Dinge wirklich? Und da gibt es gute Ansätze, zu sagen, die Mainstream-Naturwissenschaft, und zwar auch die Biologie und auch die Chemie usw., das ist auf jeden Fall eine Vereinseitigung und Verengung. So sieht die Welt nicht aus. Das erklärt auch den Menschen gar nicht. Das Leben muss miterklärt werden. Man kann den Menschen nicht rausnehmen, das geht nicht. Der lebendige Mensch, das lebendige Subjekt, muss immer im Spiel sein, meine ich.

**GK:** Ja, wir haben jetzt diese subjektfreie Wissenschaft. Aber trotzdem haben wir ja den Menschen, solange er noch fühlt und denkt und in seinem Innenleben ist, der das eigentlich empfindet oder der sich sozusagen als schizophren dem gegenüber empfindet. Mir wird das alles abgesprochen: Willensfreiheit, Bewusstsein, das ist alles nur eine Illusion. Aber eigentlich fühle ich das doch. Und gleichzeitig kommt jetzt, wir hatten über diese Unsterblichkeitsphantasien gesprochen, kommt ja auch bei den Menschen so ein Bedürfnis nach Erlösung dazu, das wahrscheinlich auch darauf irgendwie trifft, dass jetzt dann die Physik und die Technik auch Handreichungen bringt, wie man den Menschen unsterblich machen könnte.

**JK:** Ganz genau. Also der Unsterblichkeitsimpuls, sage ich mal, soweit er schriftlich niedergelegt ist, das wissen wir, war seit der Antike, sagen wir mal, seit vor ungefähr zweieinhalbtausend Jahren etabliert. Da gab es die Mysterienkulte in Griechenland, und die Philosophie hat dann auch die Unsterblichkeitsidee aufgegriffen, auch Platon usw., auch beeinflusst von den Mysterienkulten. Und wie ist es heute? Ja jetzt, wenn es die Philosophie nicht leisten kann, wenn es die Spiritualität eigentlich nicht leisten kann, dann muss es die Physik leisten. Und das tut sie dann auch. Und die Technik. Plötzlich heißt es, es müsste doch möglich sein, dass man diesen unzulänglichen Organismus so weit verändert, wie man überhaupt die Welt alchimistisch umbauen möchte, weil der Demiurgos hat es irgendwie unzulänglich gemacht. Wir können es besser, und wir können den Menschen auch besser bauen, als er ist. Dann müsste er doch eigentlich dahin kommen, dass er unsterblich wird. Ganz zu schweigen, wenn man die physische Unsterblichkeit mal einen kurzen Moment bedenkt, ist ja der pure Albtraum. Ich meine, das muss man einfach mal sehen. Das ist ja … , da gibt es ja auch Überlegungen dazu, das ist einfach aberwitzig, nicht, das ist einfach ganz eindeutig. Aber dass man da irgendeine Geistessenz [erkennt], ist ja auch ein spiritueller Gedanke, es gibt so eine Geistessenz in uns, die unseren physischen Tod überlebt, die vielleicht auch sich reinkarniert und so und dass man das auch technisch realisieren kann. Also du bist Teil des Großen, der großen Maschine, du hast einen Chip im Kopf, siehe Elon Musk oder: Du bist der Chip, du bist selbst der Chip, du bist der Chip, und als solcher kannst du ab jetzt ab ins Weltall, und dann bleibst du, und dann kannst du alles betrachten und hast dann eine irgendwie absurde, gespenstische Unsterblichkeit. Was das denn sein soll?

**GK:** Ja, als Teil von einer großen Maschine. Lewis Mumford hat schon in den 70er Jahren, glaube ich, von dieser Megamaschine ...

**JK:** ... 60er, 60er Jahre ...

**GK:** ... Okay, 60er Jahre, von der Megamaschine gesprochen. Und es gibt immer, also wenn man jetzt in der Philosophiegeschichte des letzten Jahrhunderts allein guckt, schon nicht nur Vorausdeutungen, sondern eben sehr hellsichtige Theorien darüber, was gerade passiert. Seit den 50er Jahren ... oder der Zukunftsschock von Alvin Toffler, wo ich mich frage: Jetzt auf einmal kommt das mit so einer Deutlichkeit auch hervor. Vielleicht ist eine gewisse Ablenkung da, dadurch, dass wir auf Viren uns eben jetzt hier und Krankheit konzentrieren. Aber es wird jetzt wirklich auch deutlich gesagt von den Protagonisten zum Beispiel des Weltwirtschaftsforums: Wir wollen den Great Reset, wir wollen das Transhumanistische, wir wollen das mit der großen Digitalisierung machen, und niemand verbindet das mit diesen Theorien von Lewis Mumford und dir zum Beispiel.

**JK:** Eigenartig. Ja, aber du hast vollkommen recht. Der Lewis Mumford hat ja das auf eine wirklich großartige, vielleicht sogar geniale Weise gezeigt in seinen Büchern „Mythos der Maschine", „The myth of the machine". Und das liest ja kaum jemand, kennt auch kaum jemand dieses Buch. 1977 erschien das im [Verlag] FISCHER Alternativ. Ich habe es damals gelesen, [und es] hat mich sehr beeindruckt. Ja, das ist eine ganz eigenartige Geschichte, dass das nicht irgendwie verbunden wird. Und der Great Reset ist ja eigentlich auch nicht nur einfach ein Phantasma irgendwelcher durchgeknallten Gehirne, sondern es ist ja eigentlich ganz konsequent, wenn man das weiterdenkt. Ich muss noch dazu sagen, das ist wichtig für den ganzen Zusammenhang, dass ich ja von einem grundsätzlich lebendigen Universum ausgehe. Also in dem Sinne könntest du mich in die Tradition der romantischen Naturphilosophie einbauen, ja, wenn man das so will. Ich verehre Schelling sehr, zum Beispiel ja auch Goethe und so, also dass die Welt lebendig ist, und zwar umfassend lebendig, und dass überall auch Leben ist. Das heißt, ich bin ja nicht der Auffassung, dass das Leben nur oasenhaft ist, sondern wir sind sozusagen umgeben von tosendem Leben. Es gibt Milliarden von uns weit überlegenen Existenzen, die uns vielleicht als minderwertig oder als erbärmlich betrachten, wie auch immer. Auf jeden Fall, alles brodelt von Leben, alles atmet Leben. Der Raum lebt, die Zeit lebt, die Zeit ist nicht tot, ist doch keine tote Erstreckung. Ist doch Irrsinn, das so zu denken. Und der Raum ist auch keine tote Erstreckung, sondern der Raum ist lebendig. Das ist sozusagen die Weltseele. Und das alles denke ich. Gut, der Kirchhoff, na ja, gut, das ist ein ganz witziger Gedanke, ganz interessant und unterhaltsam. Aber wir haben unsere Wissenschaft. Ja, davon gehe ich aus. Und so betrachte ich jetzt auch den Great Reset und diese Fantasien, weil, letztendlich geht es ja doch darum, dass man den Menschen, schreibt ja auch der Klaus Schwab direkt an mehreren Stellen seines Werkes, auch schon vorher in seinen früheren Büchern, vierte industrielle Revolution und so, ganz klar der Mensch, wie er eigentlich war, wird nicht mehr weiter existieren. Der Mensch, der wird umgebaut, es wird ein anderer Mensch sein. Der wird auch dann nicht mehr in dem Sinne frei sein, wie wir das noch kennen. Haben wir es jemals gekannt?, würde ich mal dazwischen werfen. Haben wir ja kaum gekannt, und es wird ein anderer Mensch sein. Aber er wird ein Mensch sein, der vielleicht glücklich ist, zufrieden ist, weil man ihm die Freiheit abgenommen hat, weil die Freiheit stört eigentlich nur. Ist ja auch Entscheidungsfreiheit, Willensfreiheit. Du musst ja klar entscheiden, was machst du, was machst du nicht, moralische Instanzen usw., und da kommt ein Programm rein, was ganz konsequent sich weiterentwickelt, was den Menschen total demontiert und letztlich wirklich zum Biocomputer macht. Und das ist einfach gespenstisch, dass Menschen da nicht revoltieren, auf die Barrikaden gehen, das müsste im Grunde genommen eine Revolution auslösen. Ich habe manchmal als Scherz gesagt, mal zu einem Freund … , was ich möchte, hat mich der Freund gefragt, was willst du eigentlich? Sage ich, ich will eine metaphysische Revolution. Ja, also das müsste man sozusagen … , da müsste ein … , die Menschen müssten geistig auf die Barrikaden gehen dagegen, aber [das] tun sie nicht.

**GK:** Man braucht die Metaphysik eigentlich, um auch die Würde des Menschen verteidigen zu können, sozusagen.

**JK:** Ich finde [das] ganz wichtig. Also meine Metaphysik ist ja auch, ist ja auch oft eingebaut in abstrakte Denkmuster und hat ja auch die Lebendigkeit eingebüßt. Aber in der Grundanlage ist Metaphysik unumgänglich, und die hat auch Kant nicht zertrümmert. Das wurde ja immer gesagt, Kant, der große Zertrümmerer der traditionellen Metaphysik. Ja, in gewisser Weise ist es so, aber es ist auch wieder nicht so, weil letztlich ja doch auch Schlupflöcher gelassen werden. Also der Mensch ohne die metaphysische Dimension, was soll es sein? Das ist doch einfach absurd. Also wenn man ..., wenn sich zwei Menschen gegenübersitzen, wir beide zum Beispiel, dann sehe ich doch an dem anderen immer nicht nur die Physis, wie der aussieht. Ich sehe doch, wie sind die Augen, wie wirkt der auf mich, wie, was entfaltet sich als Feld zwischen uns? Sind wir uns sympathisch oder können wir miteinander? Wie stimmt die Chemie, und wie bewegt er sich? Das ist doch alles anwesend, und es ist doch oft gar nicht sichtbar, sondern es ist innen und die Innenperspektive ist einfach zentral. Wir sind Innenwesen, natürlich auch außen figuriert, aber wir sind Innenwesen und fühlen uns auch als Innen. Der Mensch, wenn er mit sich alleine es ist, ja, innen. Aber, das Verrückte, noch kurz dazu: Er hat sich ja doppelt. Er hat sich innen, aber er hat sich mit sich als Körper, da hat er sich doppelt. Also wenn ich mich angucke, meine Hände, habe ich ein Objekt, aber ich bin gleichzeitig drin in dem Objekt, und das finde ich, ist in der Welt überhaupt [so]. Unser Beispiel mit dem Körper ist ein Beispiel für die Welt überhaupt, sie hat eine Innenseite. Und der Philosoph, wenn er diesen Namen verdient, verdammt nochmal, muss sich auch um diese Innenseite wirklich kümmern. Der Mensch hat eine Innenseite und empfindet sich selbst als Innen, aber er sieht sich gleichzeitig außen, wenn er sich betrachtet. Und das ist interessant übrigens, das fällt mir in dem Zusammenhang ein, wenn man mal das kleine meditative Experiment macht, wenn man sich selber nicht im Spiegel betrachtet, sondern sich selber auch nicht betrachtet, überhaupt, sondern einfach nur fühlt. Was fühle ich, wie fühle ich die Füße usw. Das ist das, was der Hermann Schmitz dann als Leib bezeichnet. Was fühle ich da? Es ist hochinteressant, also die Innenwahrnehmung auch des Leiblichen. Es ist also ein Leib, der nicht ein esoterischer Leib [ist], aber ein eigenartiger Leib, der meistens gar nicht mitgedacht wird. Da hat dieser großartige Hermann Schmitz, den ich übrigens sehr schätze, ein älterer Herr, mittlerweile müsste er auch 90 sein [verstorben im Mai 2021], den schätze ich auch als Philosophen sehr, der diese Leibphilosophie, Leibphänomenologie entwickelt hat, also die, wie wir uns selber außen und innen betrachten. Die Welt hat auch ein Innen, und auch der Kosmos hat ein Innen, und der Kosmos hat auch ein Außen, aber auch das Außen wird falsch gesehen. Also der Kosmos, das ist lebendig. Es gibt aber noch ganz andere Felder, das zeige ich auch in dem Buch, die das erklären, Wechselwirkungen, wie Licht überhaupt entsteht. Das ist ganz anders, als es die Mainstream-Physik sieht. Ich denke, da habe ich eine ganze Reihe von Argumenten zusammengetragen. Das hat viele auch überzeugt und auch geradezu aus den Angeln gehoben, dass es möglich ist. Das habe ich auch in meiner Zeit als Universitätslehrer immer wieder auch gebracht, dass man das ganz anders betrachten kann. Aber ich bin immer von dem Herrschenden ausgegangen und habe sozusagen kritische Fragen an das Herrschende gestellt. Davon bin ich immer ausgegangen. Wenn man das weiter fragt, wenn man das weiter fragt, dann kommt man zu anderen Ergebnissen. Zum Beispiel bei der Gravitation. Und, ist die schnell, ist die unendlich schnell von A nach B? Wie geht das? Was ist dazwischen? Ist das ein Feld? Ist das eine Schwingung? Und diese ganzen Fragen, nicht, die kann man neu betrachten, und da kommt man zu interessanten Ergebnissen. Und das ist für den Menschen genauso. Auch mit unserer Innenperspektive, die auch ganz anders ist als außen, weil man ist oft ganz groß, also einer, der vorträgt, das wirst du doch auch wissen vor einem Publikum, der weitet sich gewissermaßen aus. Oder auch ein Sänger, ja, er muss es auch, oder ein Musiker überhaupt. Oder er kann in der Depression ganz klein werden. Er wird wie zusammengeschnurrt. Ich hatte mal eine extrem depressive Phase, wo ich kaum noch einen Ausweg sah, mich plötzlich wie zum Punkt zusammengedrückt empfunden. Da kann man sagen, ja gut, das ist psychologisch subjektiv, das ist, das spielt ja gar keine Rolle, aber es ist doch auch mehr.

**GK:** Ja, aber man kann das natürlich immer alles versuchen, rein naturwissenschaftlich, biochemisch zu erklären. Aber diese Absage an die Metaphysik, die in dem naturwissenschaftlichen Weltbild ist, wie hängt die zusammen mit der Verdrängung des Todes, die ja vielleicht auch gerade stark dafür sorgt, dass wir Corona auch gerade so wahrnehmen, wie wir das wahrnehmen, dass wir uns vielleicht stark auch so eine Angst einjagen lassen.

**JK:** Richtig, das merkt man ja deutlich. Da hast du das Schlagwort oder das Stichwort genannt. Angst, das spüre ich jeden Tag in den Menschen. Es gibt eine kollektive Angst, Panik, Hysterie, die natürlich, wissen wir ja, durch die Medien gnadenlos geschürt wird, so dass differenzierende Fragen –

ist es richtig?, stimmt das überhaupt?, kann man das anders sehen?, oder gibt es da andere Ansätze? – gar keine Rolle mehr spielen. Es gibt so eine Grundangst im Menschen, die auf das Virus sich jetzt projiziert, die aber sowieso existiert. Der Mensch hat eine panische Angst vor dem Tod. Und dann kann man natürlich fragen: Warum eigentlich? Weil wir in einer Metaphysik-losen Welt leben, die letztendlich in der herrschenden Intellektualkultur, [da] gibt es dieses andere nicht. Höchstens als Glaubensfrage nach dem Motto: Du kannst glauben, was du willst, es ist ja deine [Sache], ist okay, das ist völlig legitim, aber es hat keine ontologische Wirklichkeit. Also wenn die Metaphysik als ontologische Wirklichkeit wahrgenommen wird und für ernst genommen wird, dann ist es etwas ganz anderes. Und der Mensch hat Angst. Er, er erzittert vor Angst, und in dieser Angst sozusagen maskiert er sich. Es gibt ein [Buch] von Jeremy Hayward, ein Physiker, der hat das beschrieben, dass der Mensch dem Kosmos Masken aufsetzt. Und ich habe das noch mal nachgelesen. Auch das bringe ich auch hier in meinem Buch. Wenn man das vergleicht mit den Masken, das ist auch: ich verdecke mein Gesicht, ich verhülle mich, weil ich dem Kosmos sowieso Masken aufsetze, weil, es ist ja auch gar nicht der wahre Kosmos, ist was anderes, ist wie ein Gespenst. Und dahinter ist immer die Urangst überhaupt, das Virus ist der Tod schlechthin. Das ist ja so eine verblüffende Geschichte, die hat man ja immer wieder erlebt. Ja, habt ihr denn gar nicht verstanden, was ständig passiert? Ständig wird gestorben, an den furchtbarsten Krankheiten, das hat doch niemals irgendeinen auch nur ein Mü interessiert. Kein, sage ich mal, kein Schwein hat es doch interessiert:

25.000 Influenza-Tote usw. Ich kann mich nicht erinnern, dass es irgendjemand aufgeregt hätte. Oder Hongkong-Grippe oder was nicht alles. Oder auch hier, was alles sonst noch passiert. Also es gibt plötzlich eine Hyper-Aufmerksamkeit auf ein Coronavirus und dieses Coronavirus ist in gewisser Weise der Tod selber. Sozusagen der Sensenmann taucht in dem Virus auf, und man erzittert davor sozusagen, und alle anderen Tode sind gar nicht wichtig. Also [es wird] ständig gestorben, [das] machen sich die Menschen überhaupt gar nicht klar. Die Menschen denken überhaupt nicht darüber nach, dass jedes Jahr in Deutschland ungefähr 950.000 Menschen sterben oder [dass] überhaupt gestorben wird, oder in den Intensivstationen. Das hast du doch auch mal gebracht, wenn man 2018 durch die Intensivstation gegangen ist. Da kann ich natürlich immer mit Kameras diese Bilder erzeugen, das hast du ja gebracht auf deinem Kanal, 2018 war das  ganz extrem. Man kann auch heute immer Horrorbilder inszenieren in Intensivstationen. Und Bergamo [durch die Presse gingen Bilder von Militärfahrzeugkolonnen, die in Bergamo angeblich Unmengen von Leichen transportieren] war ja auch so ein Beispiel, das wissen wir doch heute. Mein Gott, wer sich damit beschäftigt hat, wer sich der Mühe unterzogen hat, kann heute sehr genau sagen, warum das so war, wie es war. Es ist doch alles dutzendfach dargestellt, warum das so war.

**GK:** Aber trotzdem kommt es nicht an die Oberfläche.

**JK:** Nein, [das kommt] nicht an, weil die Schockbilder sind so stark, dass die differenzierenden Betrachtungen gar nicht in die Erscheinung treten. Ich weiß von einem alten Bekannten von mir, mit dem ich in Mailkontakt stehe. Da hatte ich dann auch Andeutungen gemacht, dass man das ganz anders sehen [kann]. Der sagt: Ja, aber das sieht man doch. Da ist doch was. Du, das ist menschenverachtend, da wird gestorben und du redest, ja, wer weiß, wo du landest oder so. Also, ich dachte, was ist denn das? Das hat man doch ..., mein Gott, das muss man jetzt nicht alles wiederholen. Aber das ist doch alles sehr genau untersucht worden. Übrigens am Anfang sogar noch von der Mainstream-Presse. Es gab im Focus einen großen Artikel, der das ganz klar gezeigt hat, warum das so war. Dieses kaputtgesparte [System] und die so hohe Altersstruktur und die hohe Feinstaubbelastung usw. usw. Und die haben ständig Fehler gemacht, haben da, was weiß ich, Medikamente verabreicht, das hat ja auch Wodarg gesagt, die eigentlich fatal waren, und alles das spielt keine Rolle. Und jetzt genauso. Das wird hochgejazzt in einer Gnadenlosigkeit, dass man, wenn man jetzt da sagt: Das ist ja gar nicht so! Wieso, wieso? Guck dir das doch an! – Also all diese Dinge. Da gibt es dann eine Blockade gegen Argumente. Und ich habe manchmal das Gefühl, es gibt bei manchen Menschen auch eine ..., wie so ein Masochismus würde ich vielleicht nicht sagen, aber so eine Schuld. Man flüchtet sich in diese demütige Haltung der Maske gegenüber. Das ist jetzt richtig. Das geschieht uns recht, das machen wir. Und wer das nicht macht, der ist einfach ein Ketzer. Das darf gar nicht sein, der gefährdet andere, der gefährdet Menschen. Es ist ja die Hauptthese, wenn du Einwände erhebst, gefährdest du Andere. Und das ist ganz merkwürdig und gespenstisch. Aber das ist auch konsequent in der ganzen Geschichte, natürlich auch der Religionen, dass der Ketzer immer auch als ein Gefährder gilt, der eigentlich weg müsste. Am besten eingesperrt.

**GK:** Ja, genau. Ja, mundtot gemacht.

**JK:** Ja, auch hier, Broder hat kürzlich in einem Artikel in der „Welt" geschrieben. Er war unterwegs mit dem Zug und dann hat er sich wohl geirrt und musste umdenken und da hat ihm der Schaffner gesagt, ich mache … , sonst mache ich kurzen Prozess mit ihnen. Also das hat er, ja. Also sozusagen, was sind denn das für Töne? Ja, wo sind wir gelandet?

**GK:** Die hatten wir länger nicht mehr.

**JK:** Die hatten wir länger nicht mehr. Aber das ist doch das Verrückte, dass jetzt alles hochkommt, auch so religiöse Dinge. Religiös jetzt, so eine eigenartige Religiosität, auch sentimental, traurig, wo man sich so ergibt in das alles. Das beobachtet man jeden Tag, also, wenn man spazieren geht. Auch im Freien wird dann die Maske getragen, auch wenn weit und breit gar nichts zu sehen ist, weil es irgendwie … , weiß [ich] nicht. Man hüllt sich darin, und es ist eigenartig. Und dahinter ist eben die Angst vor dem Tod. Das schützt uns, und die Angst, würde ich sagen, geht dann noch tiefer. Es ist dann die Angst, sage ich mal, jetzt gehe ich mal wirklich ins Metaphysische noch weiter, die Angst vor der Selbstkonfrontation im Tod. Also wer Nahtoderlebnisse gehabt hat oder in Grenzzuständen gewesen ist, der weiß, dass das die absolute Selbstkonfrontation ist mit dem eigenen Ich. Dass also die Angst vor dem Tod immer auch die Angst vor dem Ich ist. Tod ist nicht nur der Sensenmann, sondern der Tod ist man selber. Und was geschieht? Und dahinter steht dann noch sozusagen die kosmische Ordnung, gewissermaßen. Als ob wir dann doch nicht alles so machen könnten, wie wir wollen. Also doch ein tiefes Ahnen, was ich immer mal wieder auch in einzelnen Artikeln so lese von sublimeren, feineren Geistern. Doch das Ahnen dahinter, könnte doch sein, dass jeder in der Tiefe seiner Seele auch spürt, ja, ganz so unbestraft geht das gar nicht. Da ist noch mehr, schwingt da mit. Wir können nicht einfach unsere Welt kaputt machen. Erst denken wir sie kaputt, dann machen wir sie kaputt. Das ist ja auch eine These, die ich seit langem vertrete. Wenn du die Welt leblos denkst, dann machst du sie auch so, dann machst du es platt. Was du hier platt machst, machst du deswegen platt, weil das sowieso keine Eigenlebendigkeit für dich hat, ja. Nicht, ist ja klar.

**GK:** Ja, aber man muss die [Welt], wenn man sie beherrschen will und wenn man alle Bestandteile der Welt verwalten, organisieren will, muss man sie ja vielleicht ebenso leblos denken.

**JK:** Ja, und wenn man die Welt ...

**GK:** ... mit der Technik beherrscht.

**JK:** Ja, auch wenn man sie unlebendig denkt, dann wird man sie später, früher oder später auch zerstören. Also die Innenwelt und die Außenwelt hängen auch da zusammen. Auch eine kaputte Innenwelt, eine kranke Innenwelt, eine perverse Innenwelt, eine völlig pervertierte, pathologische Innenwelt führt dazu, dass die Außenwelt auch so betrachtet wird. Der Pathologische oder der Pathologisierte, der sieht dann auch im Außen, so wie die Menschen hier auch, dann schwarze Löcher und Furchtbarkeiten und alle Sternenmonster fressen einander und so. Für meine Begriffe sind das alles Phantasmen, alles Phantasmen, die aber in den Menschen drin sind, die nach außen transponiert werden. Der Mensch ist … , der transponiert in die Außenwelt, er projiziert also, ist auch eine Projektion. Und das ist ja auch hier hier eine gigantische, eine gespenstische Projektion, eine kollektive Projektion in Verbindung mit einer Hysterie, die gar nicht zu stoppen ist. Da kann man …

**GK:** Ja, also du bist da jetzt so ein bisschen defätistisch, wenn du sagst, es ist nicht zu stoppen.

**JK:** Ich bin nicht wirklich defätistisch. Ich sage mal: erstmal nicht zu stoppen. Wobei ich unterscheide, sagen wir mal, zwischen Aufklärungsarbeit im besten und guten Sinne, [die] sollte es immer geben. Ich meine, ich spreche ja auch in der Öffentlichkeit. Ich mache Videos und alles Mögliche, auch im Hinblick auf meine Naturphilosophie, immer. Das darf man nie aufgeben. Ich glaube auch an das Argumentieren, an die argumentierende Vernunft. Richtig. Aber in der Tiefe weiß ich, dass wir, oder dafür habe ich starke Indizien, dass unsere Lage auf diesem Planeten Erde schon so weit fortgeschritten ist, dass sozusagen mit normalen Mitteln kaum mehr was zu machen ist. Deswegen habe ich auch hier in dem letzten Video zitiert, die den berühmten Satz von Heidegger [enthält]: Nur ein Gott kann uns retten. Ja, das sieht fast so aus, als ob wir so ... , so geht es nicht. Deswegen spreche ich auch von Teilapokalypsen. Also es wird nicht so friedlich und soft gehen. Teilapokalypsen können Bewusstseinsschübe auslösen, aber letztlich, ohne, sag ich mal, ich muss das einfach mal in diesen Bildern sagen, ohne hilfreiche Geister von einer anderen Ebene aus, wie immer ich die jetzt mir vorstelle, würde es nicht gehen. Also ohne ... , nur ein Gott kann uns retten, es muss noch was anderes dazukommen, sozusagen. Die Erdbewohner, also, ich bin ja selber ein Erdbewohner, aber ich habe mich so gründlich mit der Geschichte der Menschheit beschäftigt. Und das kann einen ja wirklich manchmal auch deprimiert machen, dass die Menschen in jeden Wahn hineingetapst sind, weil jeder ... , in jedes Messer, was man ihnen vorhält, da rennen sie rein, jeder Irrsinn wird geglaubt, und die Autoritätsgläubigkeit der Menschen ist ja extrem. Das war sie aber auch früher, also den Naturwissenschaften gegenüber, weil die Leute glauben, da ist es doch kein Glaube, das ist doch Wissen. Das ist aber auch Glaube, das sind bestimmte Schlussfolgerungen aus Annahmen, die man auch anders setzen kann. Man muss ... , wenn man andere metaphysische Prämissen setzt, kommt was anderes raus, und man kann trotzdem die Phänomene einordnen. Ich leugne ja nicht die Phänomene, und das ist ein Punkt, der ... , insofern bin ich nicht defätistisch, höchstens erst einmal insofern realistisch, als ich an die Intelligenz, an die Schwarmintelligenz nicht so richtig glaube und eher im Gegenteil. Und da muss noch was anderes passieren. Ich meine, es weiß doch jeder aus seinem eigenen

Leben. Wann macht man denn was wirklich anders? Wenn man es muss, nicht wenn man gemütlich im Sessel sitzt.

**GK:** Ja, könnte das nicht auch die Chance sein dieser Zeit jetzt gerade eben? Klaus Schwab hat ja die gleiche Rhetorik, dass man sagt, okay, wir können eben diese ... , wir müssen diese Krise nutzen, und alles unternehmen. Könnten wir das nicht auch, um zu einem neuen Menschenbild zu gelangen und neuem Weltbild, jetzt, wo wir merken, es geht so nicht weiter?

**JK:** Ja, richtig. Das wäre dann sozusagen der schöpferische, der lebendige, der sozusagen im Einklang mit dem Lebendigen stehende Reset. Ja, das ist natürlich das Fatale an dieser ganzen Rhetorik von dem Klaus Schwab, und [es] ist natürlich, dass er sich ganz bestimmter Impulse und Sehnsüchte bedient auch, die [im] Menschen ja drin sind. Also, ich will nicht mehr die alte Normalität. Ich auch nicht. Ich will nicht die alte Normalität. Aber was dann? Die neue Normalität, die hier so marschiert, will ich auch nicht. Es muss was anderes sein. Und das sieht man ja auch in manchen sensibleren Kommentaren. Das Gefühl, ja, ich meine, die Krise als Chance ist fast so ein bisschen abgegriffen. Aber das ist gut, dass du das sagst, es ist auch wahr. Die Krise, eine kollektive Krise, kann auch was auslösen, kann einen Schub bewirken, dass manche denn doch aufwachen und sehen was läuft. Und es ist ja auch so, dass viele Menschen doch, zunehmend mehr, würde ich mal vermuten, auch sehen, was läuft, ja, auch so, sagen wir mal, schlichtere Gemüter. Oh Gott, was ist denn eigentlich mit dem Finanzsystem? So, so koscher ist das auch nicht. Und so, so, so schick ist es auch nicht, ja, also mit dem Finanzsystem. Und was ist denn nun eigentlich mit der Megamaschine oder mit den Machtstrukturen? Und von oben nach unten? Und warum werden denn die einen immer reicher, die anderen werden immer ärmer? Warum sind denn die Digitalkonzerne die großen Profiteure dieser Krise? Usw. Da gibt es auch manche Fragen, die man stellt. Hallo? Irgendwas stimmt doch hier nicht. Oder, oder was ist das? Ist doch so!

**GK:** Ja und in unserem Leben zeigt sich das ja als diese Übermacht der Technik, vor der wir immer ohnmächtiger werden, auch [vor] der Überwachungstechnik, der Digitalisierung, [der] künstlichen Intelligenz. Jetzt hat die Technik, wenn sie so aus diesem wissenschaftlichen, naturwissenschaftlichen Denken herauskommt, ja ihren Stand und ihren Zweck in der Welt. Aber irgendwann scheint sie sich zu verselbstständigen, so Zauberlehrling-mäßig, dass sie dann zu einer Katastrophe führt, zu einem Verhängnis wird. Bei der Atombombe sehen wir es ja sehr genau. Das ist vielleicht das plakativste Beispiel, aber jetzt wollen wir so hören, na ja, was wollen die? Die wollen hier überall 5G [aktive Mikrowellen-Antennen für ultrakurze Wellenlängen, die biologische Systeme beeinflussen können] hinmachen, damit unsere Staubsauger mit dem Internet verbunden sind. Das scheint so ein bisschen, ja, ein sehr harmloses, ja, harmloses Verhängnis zu sein. Wo fängt das für dich an, dass die Technik eben diese Verselbständigung hat?

**JK:** Na ja, das habe ich auch im letzten Video gesagt. Absolut, sagen wir mal, eine absolute Grenze zu ziehen, ist nicht möglich. Das kann man nicht. Es gibt ja immer wieder auch Überlegungen, wenn man ein Verhängnis konstatiert, Rückzug in die Vergangenheit, zu gucken, wo fing das an, wo sind die Weichenstellungen? Das ist ganz schwer zu sagen. Natürlich gehen die weit zurück. Mumford würde sagen: bis in die Pyramide.

**GK:** Der „Megatechnische Pharao", so nennst du das?

**JK:** Ja, ich nenne das sozusagen, ja, ich nenne es den „Megatechnischen Pharao". Manche in der Ökologie und Ökologieszene haben es doch aufgegriffen, den Begriff, also der „Megatechnische Pharao". Ich sage manchmal, auch im privaten Kreise: Das Virus und alles was daraus folgt ist die letzte Trumpfkarte des „Megatechnischen Pharaos". Ja, aber wo das genau anfängt? Ich meine, wir machen hier das Video usw., das ist ja auch die Technik. Und was heißt das? Ist die digitale Welt per se eigentlich, was manche ja sagen, per se des Teufels? Tja, das sind Fragen, das würde ich so nicht sagen. Also aber so, also die Mega-Technik in dieser Form, wie sie den Globus beherrscht und auch mit allem was daraus folgt, [das] ist natürlich desaströs. Das kann eigentlich ein lebendiges Gestirn nicht aushalten. Allein die Produktion eines einzelnen, eines Smartphones nur, wenn man da nachforscht, wie das hergestellt wird usw., was da an Blut dran klebt und an Unterdrückung und Ausbeutung und so, da wird einem ja doch schlecht. Und das sind so ganz schwierige Felder, das weiß ich auch nicht. Und ich würde mal sagen, da muss man mir, glaube ich, zustimmen: Es gibt keinen

Menschen dieser Erde, der das absolut sicher wüsste. Das weiß ich nicht. Aber es gibt fatale Entwicklungen, die man aber zunächst ja auch gar nicht ahnen konnte. Du erwähnst noch mal die Atombombe. Ja, was war das? Ein kleines Experiment. Otto Hahn. Man kann das datieren. Das ist 17. oder 19. Dezember war das, 1938. Eigenartig, kurz vor Ausbruch des Zweiten Weltkrieges. Diese Kettenreaktion. Ein kleines Tischchen. Und dann gibt es da was. Ist da ein eigenartiges Ergebnis? Er fragt seine frühere Mitarbeiterin Lise Meitner. Die waren ja auch befreundet. Sie war mittlerweile in Stockholm. Was hältst du davon? Und sie fragt wieder einen Physiker, und der Physiker sagt: Es könnte sein, dass der Atomkern sich gespalten hat. Könnte sein, wir wissen es nicht genau, aber wäre möglich. Und dann wird es in die [Zeitschrift] Nature reingegeben. Und dann war es eine Weltsensation, dass sich alle Welt ... , alle Physiker waren alarmiert. Es könnte so was geben wie eine Atombombe, nicht? Ja, und ein Heisenberg hat einmal gesagt, es gibt zwölf Menschen, [die] wären in der Lage gewesen, das noch zu verhindern. Es war ein ganz kleiner Kreis von Menschen überhaupt, nicht. Und es ist eigenartig. Übrigens, weil ich bei Heisenberg bin. Ich kannte Heisenberg. Wir haben ja auch ein langes Gespräch geführt und haben uns, interessant ... , er hat auch über Goethe gesprochen, über seine Verehrung für Goethe und über ... , ich habe auch über diese von mir favorisierte Theorie der eigenen Felder, der Radialfelder gesprochen und über naturwissenschaftliche Fragen überhaupt. Und er hat sehr genau immer zugehört. Für mich sehr interessant. Das war im Sommer 1974, also anderthalb Jahre vor seinem Tod. Und wir hatten uns kennengelernt im Hotel. Und dann habe ich ihn einfach kontaktiert, und ob er Zeit hätte. Und dann hat er gesagt, ja, das machen wir. Wir haben es leider nicht mitgeschnitten. Das wäre wunderbar, ein super Dokument, ja, ein super Dokument, was dann so existierte. Aber es ist nicht der Fall. Aber gut, das ist ein eigenes Thema. Also, der Mensch muss die metaphysische Perspektive zurückgewinnen, ohne nun hineinzuschlüpfen in eine dogmatische, spirituelle, religiöse oder gar sektiererhafte Geschichte, die ihn ja auch dann wieder verengt, verkleinert und irgendwie missbraucht. Ja, also es geht ja nicht um den Missbrauch des Menschen, sondern im Gegenteil, ich versuche ja in meinen Büchern und auch in meinen Vorträgen und Videos immer wieder den Einzelnen … , an den Einzelnen zu appellieren: Du bist gemeint, du musst dich nicht kleinmachen lassen. Du musst dir auch von Jochen Kirchhoff nichts sagen lassen, sondern du musst selber in dir forschen. Du hast die Verbindung. Menschsein heißt diese Verbindung haben, Menschsein heißt, diese Verbindung haben. Menschsein heißt, sozusagen kosmisch-geistig auch Verantwortung zu haben. Und das weißt du auch. Und du könntest dich daran erinnern. Für mich spielt dann die Erinnerung immer eine große Rolle. Anamnesis, Platon und so, noch anders als bei Platon. Du kannst dich erinnern, du weißt es doch in der Tiefe ganz genau. Lass dich doch von diesen irrsinnigen Parolen, die um dich herum ertönen, nicht kleinmachen. Vor allen Dingen ringe dich nicht da raus. Ich habe ja sogar mal die etwas kühne These vertreten, die vielleicht ein bisschen überzogen ist: Wenn kein Mensch der Erde das Göttliche rechtfertigen könnte oder den Menschen rechtfertigen könnte als du allein – du müsstest es machen. Lass dich doch nicht zum, sozusagen zum Büttel machen irgendwelcher Theorien und verteidige sie nicht. Es ist ja so, Menschen, das erleben wir jetzt auch, das habe ich früher immer wieder erlebt, in Diskussionen, auch in der Öffentlichkeit, auch auf Podien und so, du kennst das ja auch auf Podien, wie das so ist, dass dann plötzlich Menschen etwas verteidigen, was gar nicht das ihre ist. Ja, warum verteidigt ihr das denn? Ihr habt doch alles nur euch angelesen. Ihr plappert das doch alles nur nach. Das wisst ihr doch gar nicht. Ist doch nur ein Nachplappern. Also warum verteidigt ihr das? Warum verteidigt ihr das und ihr genauso? Warum verteidigt ihr etwas, was euch eigentlich schädigt?

**GK:** Ist denn dein Ansatz gegen dieses, ich sag mal, dieses System oder diesen Verblendungszusammenhang anzugehen? Ja. Ist das ein Kampf? Ist es ein Widerstand? Ist es eine Verweigerung? Ist es etwas, sich selber rauszuziehen? Wie würdest du das bezeichnen? Kann man dagegen ankämpfen?

**JK:** Das ist in gewisser Weise auch ein Kampf, insofern, als eine innere Konsequenz voraussetzt, ich muss mich ja auch ein Stück weit freimachen, das ist ja nicht einfach. Also wenn ich mal auch recherchiere, zum Beispiel im Internet und weil ich wissen will, wie ist das nun, was wird gesehen, dann können schon mal 2, 3, 4 Stunden vergehen. Und da frage ich mich hinterher auch, ich bin irgendwie … , dann tun mir die Augen weh und so, was mache ich hier eigentlich, ja? Also, das gibt es ja auch, insofern, wenn außen ständig ein bestimmtes Lied gesungen wird und du hast aber ein anderes

Lied. Dann musst du dein Lied singen. Aber wie machst du das, ohne dich lächerlich zu machen, ohne dass du zum Sektierer wirst oder mit Schaum vorm Mund, was weiß ich, in speakers corner dastehst? Also, das kann es nicht sein. Die Würde des Menschen, die muss stiller sein. Und trotzdem muss man sich engagieren und muss sich in der Öffentlichkeit positionieren. Ich meine nicht, dass man sich verkriechen müsste. Das mache ich ja auch nicht. Du sowieso nicht. Also nicht verkriechen. Aber in dem Bewusstsein der eigenen Menschenwürde. Ich meine, ich, verdammt noch mal, ich lasse mir die Menschenwürde, die metaphysische Menschenwürde nicht ausreden. Niemand ist in der Lage, mir dieses auszureden und schon gar nicht irgendwelche Virologen oder Politiker. Man kann es ja auch als manchmal imaginativ oder meditativ einfach mal als Gespensterreigen sehen, den man auflösen will. Eigentlich ein … , das müsste doch durch ein Schnipsen, dieser Irrsinn, weggehen. Aber es ist ja nicht so, es ist ja nicht so. Insofern muss ich auch pragmatisch nüchtern, ganz kritisch rational auch vorgehen, gleichzeitig. Ich finde, ich favorisiere ja auch das Zusammensein von Vernunft im echten Sinne, Ratio im echten guten Sinne und dem Spirituellen, dem Metaphysischen. Das muss zusammengehen. Ja, und das versuche ich auch zu leben. Und es ist auch meine Maxime, dass ich das beides zusammenkriege, denn sonst wäre ich verloren. Wenn ich nur die rationale Ebene favorisiere, bin ich verloren, und wenn ich nur die spirituelle, geistig-metaphysische, dann bin ich auch verloren. Nein, es muss zusammengehen. Ich muss beides im Auge haben. Ich muss geistesklar auch argumentieren können, auch politisch muss ich mich positionieren können.

Das alles muss gleichzeitig möglich sein. Vielleicht ist das eine Überforderung, vielleicht fordert man da zu viel von den Menschen. Aber es gibt noch so einen elementaren Impuls im Menschen, dass einem ein anderer nicht etwas einfach vorschreiben kann. Es gibt auch die Freiheit, ob sie nun so existiert oder nicht. Aber es gibt doch den Impuls, ich bin auch ein freies Wesen, ein selbstbestimmtes Wesen. Freiheit wurde immer definiert, das weißt du doch, als Selbstbestimmung. So ist es ja absolute Fremdbestimmung. Ich bin doch nicht der Idiot. Ich bin doch nicht, sage ich mir immer, sag mal, bin ich hier der kosmische Idiot? Muss ich mich denn zum kosmischen Idioten machen, bloß weil ihr alles hier runterschraubt? Das muss ich doch nicht machen. Ich muss mich doch nicht zum Zwerg machen, zum Vollidioten erklären lassen. Das muss ich nicht.

**GK:** Also diese Fremdbestimmung ist schon sehr groß, sehr groß, sehr groß geworden. Sartre hat ja gesagt, wir waren niemals freier als zur Zeit in der Resistance und als zur Zeit der Okkupation, also wo eigentlich die Unfreiheit, die äußere Unfreiheit am größten war. Diese Fremdbestimmung macht mit uns ja etwas, dass sie uns Sinn wegnimmt. Erstmal, dass wir uns dann unfrei fühlen. Und wozu sind wir dann überhaupt noch da, wenn wir nur noch so verwaltete Teile einer Maschine sind? Ist denn diese Zeit für dich auch eine Chance für Besinnung sozusagen, dass man auch in der spirituellen, auf einer spirituellen Ebene, damit man da wieder rauskommt?

**JK:** Ja, unbedingt. Es ist auch eine Zeit der Besinnung, die Besinnung nicht sozusagen als Eskapismus. Das nicht. Das gibt es ja auch, um Gottes willen, ich kann das alles nicht mehr hören, ich lege mir eine schöne CD auf. Ist ja übrigens auch nicht nur Eskapismus. Musik ist für mich ja ganz zentral wichtig. Heute ist der 250. Geburtstag von Beethoven. Und der wäre ja ganz anders gefeiert worden, wenn es nicht diese Corona-Krise gegeben hätte. Das spielt schon eine große Rolle. Ja, eine Besinnung, sehr wohl ein ... , auch ein Innehalten und auch ein meditatives Innehalten. Also das ist schon wichtig, das muss da sein bei der gleichzeitigen Wachheit im Außen. Und die Fremdbestimmung ist extrem geworden, ist ganz extrem. Und wenn man einen Menschen zwingt zu bestimmten Verhaltensweisen, die er ganz tief innen ja gar nicht akzeptiert, die er für irrsinnig hält. Ganz schwierig. Also was macht man da? Ich habe im Laufe der Jahre ja immer versucht, meine Antithese zum Herrschenden so darzustellen, dass sie sozusagen aus bestimmten Grundfragen des menschlichen Denkens erwächst, wenn man bestimmte kritische Fragen stellt, Dekonstruktivismus ist es auch auf meine Art, dann kommt man zu ganz anderen Schlussfolgerungen. Und das mache ich jetzt auch. Und ja, es ist ein Stück auch Besinnung und auch ein Stück weit, sagen wir mal, dass man sich bereithält für die Zeit danach. Und das ist vielleicht religiös, ich weiß es nicht. Ich bin eigentlich in dem Sinne kein religiöser Mensch, aber ich habe eine metaphysische Stimme in mir und glaube da auch einiges zu wissen und zu ahnen. Das sind Indizien, kann man jetzt nicht so an die Öffentlichkeit bringen und auch diskutieren wollen. Aber ich sage, dass ein Glaube an den Menschen ... , also ich glaube immer noch an den Menschen. Wir haben vorhin ... , darf ich noch kurz das sagen, da fandest du das Wort so gut mit der Rechtfertigung. Das war zum Beispiel ein Impuls, der Martin Luther und so, kennt man ja auch aus dem Protestantismus, die Rechtfertigung der eigenen Existenz. Aber mal unabhängig davon, ich hatte als 19-jähriger, 18-jähriger das Gefühl, das spielt für meine Philosophie auch heute noch eine gewisse Rolle, ich müsste meine Existenz rechtfertigen. Ich habe das hier mit 18 ganz deutlich gefühlt. Du bist jetzt hier. Okay, was machst du? Du musst deine Existenz rechtfertigen. Was hast du vorzubringen als Rechtfertigung deiner Existenz über das Physisch-Sinnliche, was [du] im Moment so tust, hinaus? Tja, das ist schon wichtig. Und dann auch die Verantwortung im höheren Sinne. Das ist immer schwierig, wenn man den Menschen das [versucht] aufzubürden. Man kann den Menschen ja nicht die ganze ökologische Krise auf die Schultern legen. Das geht ja gar nicht, das ist ja unmöglich, nicht, das ist ja unmöglich. Aber es hat auch was zu tun mit einem Ernstnehmen des Eigenen. Ich finde, nehmen wir den Menschen ernst oder nehmen wir ihn nicht ernst? Ist das Ganze eine Spaßgesellschaft? Ist es einfach irgendwie eine Farce? Es ist einfach eine Farce, wenn es wie [bei] Corona geschieht, auch eine Farce. Das ist alles eine Farce. Oder das Ganze, der Mensch hat eine Würde. Der Mensch ist ein wichtiges Wesen, in geistig-kosmischer [Hinsicht]. Was folgt dann daraus? Ist hier was fundamental schief gelaufen? Ja. Was ist es? Was kann ich machen? Und dann wird es interessant, und dann kriegt das Leben auch Farbe und Sinn. Und dann wird es richtig interessant auch. Es ist ja auch, Gunnar, es ist ja auch interessant. Also ich sag mal, was da läuft, ist auf eine [Art] auch spannend.

**GK:** Mhm, ja. Alan Watts hat ja gesagt, das Problem bei den Menschen ist, dass sie das ernst nehmen, was die Götter eigentlich nur als Spiel erfunden haben.

**JK:** Ja, ja. Also es ist ja auch, ich denke manchmal, es ist auch hochinteressant. Wie kann das möglich sein? Ich habe da immer wieder darüber gegrübelt und mich gefragt: Wie ist das möglich? Wie kann das passieren? Das müsste doch, das müsste man doch, müsste doch ganz anders noch [sein], auch global, meine ich, nicht. Das ist ja nicht nur in Deutschland, ist ja auch in Österreich und Italien und Spanien usw., überall. Also ist ein globales Geschehen, weil es global ist. Da kann man natürlich auch Schlussfolgerungen daraus ziehen, vielfältiger Art, hat ja auch was Kosmisches in dem Sinne. Das hat man so noch gar nicht gekannt. 9-11, na ja, weiß ich nicht. 9-11 war auch ein richtiger Schock, aber so global dann doch nicht. So global war es dann doch nicht wie jetzt das Coronavirus.

**GK:** Also viel deutlicher und sichtbarer eingreifend in das Privatleben der Menschen auf der ganzen Welt.

**JK:** Ja, ja und auch … , macht es jetzt einer vom anderen nach oder sind alle die sozusagen gütigen Beschützer der Volksgesundheit ihres jeweiligen Volkes? Ja, wenn es um Volksgesundheit ginge, würde ich sagen, müsste man ganz andere Maßnahmen einleiten. Wir könnten mit den Krankenhauskeimen anfangen. Man könnte zig Sachen nennen, die wirklich mal angepackt werden müssten. Das wäre richtig.

**GK:** Wir wissen ganz genau, dass es nie um Volksgesundheit ging, weil sonst hätten die letzten Jahre [und] Jahrzehnte anders ausgesehen. Und auf einmal wird es uns als Narrativ eben angeboten, und wir nicken das alle ab. Ach ja, es geht ja um die Volksgesundheit.

**JK:** Ja klar, die Volksgesundheit. Und wenn es um die gegangen wäre, dann hätte man ganz anders gesundheitspolitisch agieren müssen. Völlig anders und ganz zu schweigen von den Kollateralschäden, die ja auch in der dritten Welt usw., muss man nur nach Indien gucken. Also wenn man sich damit beschäftigt, das habe ich getan. Das ist ja auch im Grunde deprimierend, was da geschehen ist, was das bedeutet für Millionen und Abermillionen Menschen, die in Armut und Elend und in Hunger, in Hungertod gestürzt werden. Wenn ich an den Menschen glaube, an seine Menschenwürde und dass er nicht verloren ist, dann muss es ja auch ein Potenzial in mir geben für die Zeit danach. Das muss ich auch jetzt schon wach halten und lebendig halten. Also, die Zeit danach ist ja auch jetzt. Das muss ja dann da sein. Und ich glaube dann an den Menschen, er ist nicht verloren. Er ist, auch wenn ich es nicht weiß, wie es weitergeht, aber der Mensch ist nicht der kosmische Idiot. Der Mensch ist immer noch ein geistig-kosmisches Wesen mit seiner metaphysischen Würde und auch im Potenzial eigentlich ein wunderbares Wesen. Es hat etwas Großartiges, und das muss blühen, das muss gedeihen, das muss leuchten, das muss [es] einfach. In der tiefsten Selbstergreifung, in Anführungszeichen, muss es wurzeln. Und da hat der Einzelne dann auch seine Würde. Und er hat dann auch seine Freiheit der Entscheidung und dann kann er auch bei sich selber sein, und dann kann er auch den Tod anders betrachten. Dann steht er anders in der Welt. Und dann kann er auch vielleicht verstehen, dass wir in einer Welt leben, die lebendig ist, wie wir auch lebendig sind. Also, wir sind lebendig, weil wir in einer lebendigen Welt leben. Denn das Leben einfach so als Zaubertrick aus dem Nichts heraus, ist ja einfach eine schlechte, eine schlechte Idee, auch eine schwache Idee, eine miese Idee, eine ganz erbärmliche Fiktion, sage ich mal, und ich möchte mich nicht von Fiktionen umstellen lassen. Die bestellen uns genug. Also auch die Fiktionen befragen und auf jeden Fall, das wäre ein Hoffnungsimpuls, den ich jedem immer wieder neu mitgebe. Lass dich nicht runtermachen, lass dich nicht kleinmachen. Glaube an dein eigenes inneres Potenzial für die Zeit nach der Corona-Krise. Ja, würde ich sagen. Ich mein's ernst.

**GK:** Ein sehr ergreifendes Schlusswort. Jochen, vielen Dank für das Gespräch.

**JK:** Danke auch. Das war schön. Danke.

**GK:** Das war es für heute auf kaisertv. Ich hoffe es hat Euch gefallen. Bis zum nächsten Mal. Macht's gut.

\*\*\*

# Die Abschaffung des Menschen

Transkript des Gesprächs in Berlin
am 17. Feb. 2021

## Überblick

In diesem Interview diskutiert Jochen Kirchhoff die Besonderheiten der aktuellen Ära und die Möglichkeiten für eine neue Art des Seins und Lebens. Er beschreibt die gegenwärtige Zeit sowohl als katastrophal als auch hoffnungsvoll, mit einem tiefen Verlangen nach Freiheit und einem tieferen Verständnis dafür, wer wir als Individuen und als Gesellschaft sind. Kirchhoff erforscht das Konzept des Menschen als mehr als nur einer biologischen oder rechnerischen Einheit, sondern als spirituelles Wesen, das mit einer höheren Dimension verbunden ist. Er verweist auf historische Zeiträume der Offenheit und Erforschung der menschlichen Natur sowie auf das Potenzial für eine neue Ära der Transformation und des Verstehens. Er betont auch die Bedeutung von Ritualen und die Notwendigkeit eines Gleichgewichts zwischen Freiheit und Struktur in unserem Leben. Kirchhoff kritisiert den Mangel an Mut und die fehlende Anteilnahme am Verlust kultureller Erfahrungen und Rituale wie Live-Konzerte und Singen. Er fordert eine Neubewertung unserer Werte und eine tiefere Verbindung zu unserem Erbe, um eine neue Art des Seins in der Welt zu manifestieren.

\* \* \*

## Gunnar Kaiser und Jochen Kirchhoff im Gespräch

**GK:** Hallo und herzlich willkommen bei kaisertv. Heute bei mir zu Gast ist ein zweites Mal Jochen Kirchhoff. Wir haben vor kurzem schon miteinander gesprochen und dieses Mal werden wir über die Wunderlichkeiten dieser Zeit sprechen. Jochen, schön, dass du da bist. Wie würdest du die Wirklichkeit, in der wir leben, diese Zeit, beschreiben?

**JK:** Ich habe das Gefühl, dass wir in einer ganz eigenartigen Epoche leben, in einer seltsamen Epoche, die auf der einen Seite katastrophal ist und einen wirklich deprimiert sein lassen kann. Auf der anderen Seite aber scheint sich da was durchzuarbeiten, was auf eine andere Dimension verweist. Also man hört viele Stimmen, die sagen, jetzt wäre es an der Zeit, grundsätzlich sozusagen alle Lügen, alle Lügengewebe, alle Irrsal, allen Wahnsinn aufzuräumen und wirklich eine neue Weise in der Welt zu sein, zu leben. Das höre ich immer wieder. Auch in Rubikon-Artikeln taucht das immer wieder

auf. Ich finde es erstaunlich, dass doch ein tiefer Hoffnungsimpuls in den Menschen ist, die das Gefühl haben, es kann
nicht sein, dass wir immer weiter in die Knechtung hinein-
geraten. Da muss es noch einen Freiheitsimpuls geben, einen tieferen Impuls, der uns auch hilft zu verstehen, wer wir
eigentlich sind, [um] also auch eine Grundsatzdebatte führen zu können über uns. Wer sind wir eigentlich? Was wollen wir eigentlich hier auf dieser Erde? Und das finde ich
eine wichtige Frage. Und das hat in gewisser Weise die Corona-Krise mit ausgelöst. Nicht, also, das Anklopfen an die Tür.
Was bist du, Mensch? Sozusagen. Was machst du hier? Wo-
hin willst du? Wie bist du tiefer verankert? So, das, finde ich,
spielt eine gewisse Rolle. Insofern würde ich sagen, eine
Epochenschwelle ist vielleicht ein bisschen pathetisches
Wort. Aber ich habe das Gefühl, es ist eine Art von Epochenschwelle, in der wir leben. Und die hat für mich auch was
Verheißungsvolles. Also ich spüre das durch so, und das hält
mich auch, lässt mich nicht verzagen, ja.

**GK:** Das werden ja wahrscheinlich auch zukünftige Historiker sagen können dann über die Zeit, ab wann sich jetzt
wirklich so eine Epoche, eine neue Epoche gezeigt hat. Du
sagst Grundsatzfragen. Jetzt gibt es zum Beispiel solche
Grundsatzdebatten, was das System, das wirschaftliche System angeht. Die werden auch angeregt, zum Beispiel, vom
Weltwirtschaftsforum, das sagt, wir müssen unser System
überdenken. Corona hat gezeigt, dass die alten Systeme
nicht funktionieren. Das ist aber sehr aufs Wirtschaftliche,
vielleicht ein bisschen aufs Politische bezogen. Wenn wir
das jetzt auf das Menschsein an sich beziehen: Wen müssten

wir da fragen, und auf was müssten wir gucken, um uns anzusehen, was ein neues Menschsein bedeuten könnte?

**JK:** Ja, das ist gut. Das ist ja die Frage nach dem Menschenbild überhaupt. Was wäre denn der Mensch in seiner Eigentlichkeit? Da müsste man natürlich tiefer fragen, tiefer forschen, tiefer graben auch in der Geschichte. Wie ist der Mensch gesehen worden? Was ist er in der Tiefe? Welche Schichten manifestieren sich in ihm? Ist er ein biologisches Wesen? Ein ganz interessanter Biocomputer? Letztlich eine höhere Maschine? Oder ist er ein biologisches Wesen? Oder ist er ein geistig-kosmisches Wesen, was ich gerne sage? Also das ist eine tiefe Dimension, die in ihm angelegt ist. Die ist nur verschüttet, aber darunter und darin liegt etwas anderes. Also der Mensch ist mehr, als er zu sein scheint, zumindest als Potenzial. Und das zeigt sich rudimentär, finde ich, dass ... , die Frage bohrt und die quält auch. Was hat es auf sich mit dem Menschen?

**GK:** Ist das denn eine Ebene, die früher mal offener gelegen hat, die sichtbarer war zu früheren Zeiten und die jetzt gerade verschüttet ist? Oder war die immer schon verschüttet, und wir kommen jetzt gerade vielleicht dran?

**JK:** Ich würde sagen, in gewisser Weise war die immer verschüttet. Es gab natürlich bestimmte Phasen, in denen das weniger der Fall war. Vor 200 Jahren zum Beispiel in der großen idealistischen Philosophie, Goethe, Schelling und Hegel usw., Hölderlin, natürlich ja, Hölderlin. Da hat man den Eindruck, dass da eine Öffnung war in irgendeiner Form, kosmisch bedingt, oder was, könnte ja sein, ist irgendwie eine kosmische Einwirkung. Da war eine Öffnung, und es ist ja auch eine Epoche, da sind wir dankbar dafür, dass es die gegeben hat. Und viele beziehen sich auch darauf, und das finde ich großartig. Da war es so, und dann hat es natürlich auch andere Epochen gegeben, wo es so war. Nach großen Einhieben und Katastrophen war es ja immer so, auch nach dem Zweiten Weltkrieg. Die Frage: Was ist der Mensch? Und natürlich hat der die abstrakte Naturwissenschaft in ihrer ungeheuren Kraft und Vehemenz auch in eine bestimmte Richtung gelenkt, nicht. Und diese tieferen Fragen sind ja zunehmend eigentlich verschüttet worden, obwohl sie natürlich Einzelne immer auch gedacht haben. Es ist ja immer die Frage gewesen, was wir eigentlich hier machen, und was der Mensch ist. Aber die Frage ist verschüttet. Aber Katastrophen oder wie ich es nenne, Teil-Apokalypsen, sind in der Lage, das aufzubrechen. Also wenn ich erschüttert bin, ja, auch biographisch. Ich erlebe einen tiefen Einhieb, der mein Leben verändert, dann denke ich darüber nach: Was mache ich hier eigentlich? Wer bin ich? Was ist das Wesentliche, nicht? Und diese Frage nach dem Wesentlichen, Mensch werde wesentlich, sagt Goethe, nicht. Das ist ja auch eine wesentliche Frage: Was bin ich überhaupt? Was ist das zwischen Geburt und Tod oder vielleicht noch darüber hinaus? Das ist doch, das bewegt doch eigentlich jeden. Spätestens in Todesnähe, würde ich mal sagen, bricht das auf und, ja, und erschüttert auch den Einzelnen. Aber kann auch etwas auslösen in ihm, eine Öffnung, eine Weitung. Ja?!

**GK:** Kann das denn jemals über die Dimension des rein Einzelnen hinaussteigen? Also natürlich persönlich fühle ich mich erschüttert, stelle mir die Frage, und vielleicht gibt es auch immer wieder so kleinere Inseln, wo sich Menschen zusammenfinden, die sich diese Frage so existenziell stellen. Aber kann das irgendwann mal eine gesellschaftliche Dimension bekommen?

**JK:** Na ja, unbedingt, das würde ich schon sagen. Es sind natürlich Einzelne erst einmal, und die müssen sich auch nicht gruppieren im Sinne einer Partei oder einer Weltanschauungsgemeinschaft oder so etwas. Aber ich habe schon auch die Idee einer sozusagen philosophischen Provinz, wo in gewisser Weise gleich oder ähnlich Gesinnte sich zusammenfinden, darüber nachdenken, meditieren, sich des Sternenhimmels erfreuen und das Leben noch anders und tiefer betrachten. Aber alle gesellschaftlichen Strömungen, das wissen wir ja aus der Geschichte, haben immer dazu geneigt, dann in irgendeiner Form in eine Richtung zu gehen, wo diese Ursprungsimpulse verwässert werden oder pervertiert werden oder kontaminiert werden. Das kann man ja ganz schön sehen auch an den Parteien, die [Bodo] Schiffmann gegründet hat. Das ahnte ich von Anfang an, dass es nichts werden kann, in dieser Form nicht. Das fand ich großartig. Aber man hat es geahnt, das kann so nicht funktionieren, weil es gibt da interne massenpsychologische Mechanismen, die einfach wirken. Dann gibt es plötzlich Hierarchien, da gibt es Leute, die reden dann und handeln und haben das tiefere Anliegen gar nicht verstanden und wollen es auch nicht verstehen. Und solche Dinge. Das kann man gar nicht vermeiden. Also jede große, auch geistig-spirituelle Bewegung ist auch immer dann ganz schnell versandet in Dogmatismus, in Wahn, nicht, in Überzeugungswahn, und auch in pure Ideologie. Das ist ja die große Gefahr, wenn man auch im Spirituellen, da weiß man es ja, dass wer glaubt, er hätte eine neue Erkenntnis und verbreitet die und ist unklug genug, das in die Welt zu bringen, dann schlägt die Pauke sozusagen für seine Idee, dann wird es schnell zur Ideologie und der Betreffende wird dann sehr schnell zu einer Art Propheten und ist hart an der Grenze dann, dass er sich dann lächerlich macht oder er das Ganze pervertiert. Das weiß man ja alles, das hat man ja zigfach erlebt. Das ist ja so.

**GK:** Machen wir das mal konkret. Was bedeutet das genau für dich, dieses Menschenbild, wenn du sagst, der Mensch ist vielleicht nicht nur ein reines Tier, oder er ist kein Biocomputer, und er ist irgendwas auf einer geistig-kosmischen Ebene. Ja, worin zeigt sich das? Und wie kann er das leben?

**JK:** Na ja, es gibt ja … , sagen wir mal, von wo aus definiert man den Menschen? Ist ja wichtig. Also ich definiere den Menschen gerne von einer sozusagen hohen Ebene aus. Also es gibt Möglichkeiten des Menschseins, die haben Einzelne auch bewiesen, dass es sie gibt, und im Prinzip müssten sie in jedem Menschen angelegt sein. Also hohes Schöpfertum ist nicht nur gebunden an einzelne Herausragende, die es bestimmt auch auf ihre Weise manifestieren, aber im Prinzip [ist es] in Jedem angelegt. Und die Menschenwürde besteht auch darin, dass der Einzelne dieses Potenzial in sich spürt und sich danach auch sehnt, sozusagen. Es gibt ein Telos, ein Ziel, in gewisser Weise im Menschen, was ihn auch treibt und zieht, oder einen Attraktor, wenn man es so nennen will. Und da ist der Mensch angefragt, und in der Herausforderung kann er es auch. Und in der Todesnähe fühlt er das auch. Also die Persönlichkeiten, die es gab, sind ein Ansporn, dass es im Prinzip möglich ist. Ich muss den Menschen ja nicht auf der niedrigsten Ebene definieren. Das kann ich natürlich machen. Aber das bringt im Grunde nichts. Da ist doch etwas mehr angelegt, was nicht nur materiell-physisch ist, sondern wie eigentlich alle tieferen Denker der Menschheitsgeschichte immer gesagt haben, etwas Geistig-Spirituelles, was da dem zugrunde liegt und worauf hin das Ganze auch zielt. Also, nicht.

**GK:** Aber wie kann das dann zum Beispiel, wenn du jetzt von den großen Genies sprichst, aber sagst auch gleichzeitig, dass es in Jedem angelegt ist. Wie kann das zum Beispiel jemand leben, der, sagen wir, keine Verbindung zu dem, was man jetzt so rein als die geistige Sphäre bezeichnen würde, hat, sondern sich sehr im, zum Beispiel im Handwerklichen oder sehr im Materiellen sieht, aber trotzdem eigentlich weiß, da ist noch mehr. Wie kann er das in seinem Leben manifestieren?

**JK:** Ja, das muss ja auch nicht für ihn, ja richtig, das muss ja auch nicht für ihn ein Ziel sein, ein Telos, das sozusagen wie eine Aufforderung oder Überforderung [sich darstellt], wo er sich plötzlich ganz klein fühlt. Wer bin ich denn? Mein Gott, da ist Beethoven. Da ist Goethe. Da ist Mozart. Und wer bin ich denn? Ich bin ja ganz klein. Ich kann ja gar nichts. Nein, das, finde ich, wäre ganz falsch, wenn man dem Menschen das so zurufen würde, wenn ich das überhaupt so sagen darf. Sondern grundsätzlich: Menschsein ist ja auch noch erstmal viel tiefer und fundamentaler angelegt. Also ein freies Wesen, eine freie Kommunikation, ja, Zusammenhang, Liebe, Erkenntnis in der Gemeinschaft, überhaupt Gemeinschaft. Wir Deutschen sind ja durch die Volksgemeinschaft sozusagen ideologisch auch kontaminiert, dass man es [sich] kaum traut zu sagen. Aber es gibt ja ein tiefes Bedürfnis im Menschen nach Gemeinschaft, ein ganz tiefes Bedürfnis. Der Mensch ist ja nicht nur ein Einzelwesen, er ist auch ein zoon politikon, Aristoteles, nicht, ein auf das Soziale hin angelegtes Wesen. Aber er geht darin nicht auf. Also auch auf dieser Ebene ist ja Menschsein möglich. Das heißt ja nicht, dass einer auf der niederen Ebene, wie du sagst, der Handwerker, dass ich das so verächtlich von oben herab betrachte, gar nicht. Sondern es ist ja auch wichtig, das menschliche Potenzial ist ja universell.

**GK:** Ist das überhaupt … , also eine Gemeinschaft, aber man könnte es auch als spirituelle Gemeinschaft beschreiben. Ist das überhaupt möglich, den Menschen so zu fassen als geistig-spirituelles Wesen ohne Religion, ohne die herkömmliche Religion? Wenn wir jetzt annehmen, die ist sowieso tot.

**JK:** Ja, ich würde auch sagen, und habe das immer wieder auch in meinen Büchern geschrieben und oft gesagt, ich glaube eigentlich, dass die herkömmliche Religion nicht mehr weiterführen wird. Es gibt aber auch Ansätze, Ansätze in diesen sogenannten traditionellen Religionen. Ich glaube nicht, dass es die Religion bringen kann. Es muss was anderes sein, und das kann nur durch eine Transformation geschehen, die gerade jetzt möglich sein könnte, also durch alle Religionen hindurch. Natürlich sieht man auch jetzt deutlich, dass das Christentum Aufwind hat. Nicht, viele der guten Leute, sage ich mal, in der Szene, auch in der Anti-Corona-Fraktion, sind auch Christen, wie Bodo Schiffmann zum Beispiel oder Raphael Bonelli und so, [es] sind auch Christen [dabei]. Das akzeptiere ich auch. Das ist für mich nicht, dass ich das kritisiere oder da irgendwie mich davon abgrenze. Aber ich glaube, dass da darinnen und dahinter noch ein anderer Impuls ist, der überhaupt das Spirituelle eigentlich angestiftet hat. Aber ich glaube [das], ich weiß es nicht. Also, vielleicht ist es auch eine Überforderung. Es kann nur durch … , ja eben wirklich durch eine Teil-Apokalypse passieren. Es muss etwas Gravierendes passieren, und da ist die Corona-Krise eigenartig gebaut in der Richtung, dass das … , dass es noch mal aufbricht, das möglich ist. Es muss allerdings dann wieder auch eine helfende Kraft von oben kommen, sage ich einfach mal, ja, und „nur ein Gott kann uns retten", sagt ja schon Heidegger. Da kann man viel drüber spotten. Man kann auch sagen, ja, es ist ja … , was soll das da. Der alte Heidegger hat das im „Spiegel" gesagt zu Augstein, ja, in dem berühmten Gespräch. Trotzdem ist ja was dran, ist ja nicht da was von einem Gott, also etwas göttlich. Hölderlin beklagt die götterlose Zeit, nicht, er leidet darunter. Die götterlose Nacht, und er ist in gewisser Weise auch, einer der größten deutschen Dichter, daran zerbrochen, an der götterlosen Nacht. Er ersehnte aber ein Wiederkommen der Götter, ohne dass man jetzt abgreifen könnte, was ist das eigentlich? Ja, wer ist das? Und wie sehen die Götter aus? Oder wie

60

marschieren die hier durch die Gegend? Solche Dinge nicht, aber so Manifestationen einer anderen Ebene, auch geistig, spirituell, auch musikalisch und so, das spielt ja bei Hölderlin eine Rolle. Über die Sprache, das weißt du doch. Also über die Sprache, eine bestimmte Form der Sprache ruft das quasi hervor. Aber Hölderlin litt doch darunter. Er sagt doch auch: In Deutschland, was siehst du in Deutschland? Man sieht Handwerker und Beamte, aber sieht keine Menschen, nicht, diese berühmte Suada gegen die Deutschen, nicht, das ist ja bekannt im „Hyperion". Aber dann auch das Leiden an der götterlosen Nacht und dass da eine Möglichkeit besteht, dass da eine ..., die Götter sozusagen sind nur verborgen, *dieu se retire*, ja, also der Gott zieht sich zurück. Und was heißt das? Das kann man nicht abgreifen, da kann man jetzt nicht darauf zugreifen, ja, das ist kaum möglich.

**GK:** Aber selbst Hölderlin, der ja dann auch wahnsinnig geworden ist, wahrscheinlich darüber, musste sich schon an die Götter Griechenlands wenden. Und [er hatte] eigentlich gar keinen Zugang zu einer eigenen Götterwelt, die uns ja auch jetzt vollkommen abgekappt ist, sozusagen. Wenn ich jetzt in andere Regionen der Welt gucke, könnte ich schon sehen, da ist noch viel mehr diese Verbindung, noch viel unverbrüchlicher da, wo man noch sagen könnte, na ja, wir haben ein Bild davon, wir leben das ja auch noch tagtäglich, wir haben auch noch die Rituale. Wäre es für dich durch eine stärkere Ritualisierung und auch eine stärkere Rückbindung an das eigentlich Ursprüngliche dieser Welt wiederzugreifen, wiederzuholen?

**JK:** In gewissen Grenzen ist es so. Ich glaube, eine völlige Entritualisierung ist schlecht. Das tut den Menschen nicht gut. Es gibt bestimmte Grundrituale, die er einfach braucht. Die werden ja auch verflacht und pervertiert und kommerzialisiert. Das wissen wir ja alles. Aber es gibt so einen Grund, einen Grundimpuls im Rituellen auch, den ich für richtig halte. Also, das ist auch in der Musik zum Beispiel [so]. Ich bin ja auch Musiker und schätze ja auch die Musik sehr. Der Konzertsaal, der jetzt versperrt ist, ja, also der Konzertsaal, [der] ein gewisses Ritual [beinhaltet]. Die Menschen kommen zusammen, und man sammelt sich für eine Veranstaltung, die ja auch in gewisser Weise was Sakrales haben kann. Große Musik ergreift die Menschen, das ist ja auch ein Ritual, und das finde ich auch gut. Man kann natürlich auch seinen Livestream zu Hause verfolgen, vorm Computer sitzen. Aber jeder, der Musik … , was von Musik weiß, weiß ganz genau, dass es ein Kümmerbild ist gegen die lebendige, die lebendige Musik. Also, Rituale sind wichtig und unverzichtbar. Ich finde, ohne Rituale kommen wir nicht aus. Aber Rituale können auch strangulieren, aber haben auch was Erleichterndes.

**GK:** Genau. Da ist ja schon eben genau dieses Wechselspiel zwischen der Freiheit, die du eben auch schon beschworen hast, dass wir als freie Menschen uns begreifen und gleichzeitig aber in Rituale uns einbinden lassen. Nicht immer ganz einfach.

**JK:** Ja, weil man ja auch … , Rituale haben auch etwas Erleichterndes, also wenn ich nicht über alles debattieren muss. Wir sind ja heute in [so] einer Zeit. Ist ja fast banal, das wissen wir ja alle. Die Atomisierung des Einzelnen, über alles muss debattiert werden, alles muss neu ausgehandelt werden. Mann, Frau, was machst du? Was mach ich? Alles wird neu ausgehandelt. Nichts ist selbstverständlich. Also früher war das irgendwie eingehängt. Da könnte man sagen, gut, das war alles patriarchal und usw., das kennen wir ja. Aber es war natürlich auch …, wer rituelle Vorgaben hat, der erlebt auch leichter in gewisser Weise. Die Freiheit, die pure Freiheit, die macht den Menschen ja auch insofern kaputt, wenn er lauter Optionen hat, die er ja gar nicht leben kann. Und durch die digitale Welt, das wissen wir ja, gibt es ja unendlich viele Optionen, Lebensformen, die dem Einzelnen quasi vorgegaukelt werden. Aber faktisch lebt er ja nur sein mehr oder weniger glorioses oder kümmerliches Leben und kann ja doch das alles nicht realisieren. Also, ja, ich würde also ganz klar nochmal zu deiner Frage [sagen], Rituale ja, in gewissen Grenzen. Die aber müssen eine gewisse Flexibilität haben und Durchlässigkeit. Es darf kein starres Gerüst sein. Ist ja zum Beispiel auch in der Meditation [so], im Zazen. Ich habe viele Jahre Zazen-Meditation gemacht. Da ist es natürlich ein ganz starres Gerüst, ja, was ja auch fast militärisch wirken kann, gerade im japanischen Zen. Aber auf der anderen Seite ist [es] natürlich auch was Schönes, dass man sich eine bestimmte Zeit dann nimmt und tatsächlich den harten, nicht Lockdown, sondern das harte Sitzen [praktiziert], auch wenn es mal schmerzt, ja, [da] hindurch, dadurch. Man kann nicht sagen, na ja, das brauche ich gar nicht. Ja, das ist aber auch …, es hilft einem. Also Musik hilft mir. Und es helfen mir auch kleine, es gibt ja auch Alltagsrituale, also auch: Wie begibt man sich in den Schlaf? Was mache ich morgens und lese ich abends, oder höre ich abends gerne Musik, oder was mache ich dann? Oder man kann auch bestimmte Vorstellungen haben, Imaginationen, die einem helfen, Visualisierungen usw. Das sind ja alles Hilfsmittel, um irgendwie in einen anderen Zustand zu kommen. Also Rituale sind unverzichtbar, aber sie dürfen den Menschen nicht strangulieren. Und da ist eine … , da kann man nicht hundertprozentig sagen, wo die Grenze ist. Ich weiß es auch nicht.

**GK:** Man muss das immer wieder austarieren.

**JK:** Immer wieder.

**GK:** Und ich glaube auch das noch hinzukommt, dass wenn Rituale nicht vollkommen beliebig sind, wenn sie nicht nur selbst ausgesucht sind, dass [sie] dort auch dann eben so eine größere Macht über einen haben, aber einen auch aufheben, wenn man zum Beispiel sagen kann, das sind Rituale, die meine Eltern und meine Vorfahren eigentlich auch immer schon hatten, die binden mich ein, jetzt auch in eine Tradition, und es ist nichts, was ich mir vollkommen beliebig … , ich hätte auch ein anderes Ritual jetzt wählen können, das eben auch noch ein bisschen … , wo man freiwillig von seiner Freiheit auch abgibt und sich wieder zurückbindet an das, so wie Goethe das gesagt hat: Was du ererbt hast von den Vätern, erwirb es, um es zu besitzen, in dieser ritualisierten Form. Aber was ich mich frage, was du eben über dieses Kümmerbild von Kultur zum Beispiel gesagt hast, von einem Konzert. Ist das nicht eine Gefahr, dass die Menschen das nicht vermissen? Du sagst ja, jeder, der schon mal in einem Konzert war oder der Musikkenner ist, der weiß, was für eine verkümmerte Version so ein Livestream ist. Und meine Erfahrung und mein Eindruck ist, dass wir das schleichend eigentlich vergessen und uns sehr schnell mit dem Ersatz zufrieden geben.

**JK:** Genau. Also das beobachte ich natürlich auch. Das geht zurück bis zu dem Punkt, dass man sagt: Wieso eigentlich? Wieso eigentlich, ich muss doch gar nicht im Konzertsaal sitzen, mein Nebenmann, die Nebenfrau kann ja vielleicht ein Spreader sein und wenn auch Plätze dazwischen sind usw. Ja, das geht zurück. Damit geht aber ein Gewicht, ein wichtiges Kulturgut zurück, und damit verliert die Menschheit, sage ich mal, eine ganz wesentliche Facette ihrer höheren Kultur. Denn, und gerade Deutschland, um noch mal auf Deutschland zu kommen: Kein Land der Erde hat so viele Orchester, so viele Opernhäuser, und es gibt so viele Musik-Festivals, kein Land der Erde, nicht mal ansatzweise. Und das ist einfach ein Skandal. Es ist einfach erschütternd zu sehen, dass das alles runtergefahren wird, dass das alles platt gemacht wird, interessiert gar keinen. Und da hast du natürlich recht. Auch viele, die die Maßnahmen kritisieren, denen ist es eigentlich egal, ob der Sänger X oder der Cellist Y irgendwo auftreten kann. Interessiert ihn gar nicht. Das ist traurig. Und die Musiker selber, um da noch mal bei denen zu bleiben, schweigen ja auch zum großen Teil. Die sagen nichts. Warum sagen sie nichts?

**GK:** Ja, genau. Die müssten es ja als erste für sich merken, dass das Leben, was sie eigentlich aufgebaut haben und wofür sie stehen, dass das nicht möglich ist.

**JK:** Ja, ich kriege immer einen Newsletter von der Oper in der Bismarckstraße. Da tritt dann der Intendant auf und sagt freundlich, als ob nichts gewesen wäre, als ob er nicht darunter leidet, das nicht eigentlich ein Skandal wäre, ganz freundlich und verbindlich, ohne einen Hauch von Kritik: Leider können wir jetzt doch diese Veranstaltung nicht durchführen. Aber Sie können selbstverständlich digital dieses und jenes zur Kenntnis nehmen und hören. Was ist das eigentlich? Ich las kürzlich einen Artikel im Rubikon, „Die Epidemie der Feigheit". Nun will ich nicht auf Leute zeigen und sagen: Ihr seid feige, und ich bin mutig. So meine ich das nicht. Aber es gibt ein Duckmäusertum heute, ein elendiges Duckmäusertum und eine Feigheit, die unbeschreiblich ist. Den Menschen müsste es eigentlich im eigenen Halse stecken bleiben. Sie müssten sich schämen darüber und werden es vielleicht auch irgendwann tun. Ich finde, das Duckmäusertum ist furchtbar. Natürlich, die kriegen dann die Gelder usw., dann müssen sie nichts machen. Aber der Musiker will ja nicht das Geld haben, der will einfach Musik machen. Musik ist einfach seit alters her eine zentrale Kunst, Kunstform und gehört zum Menschen, auch das Singen. Ich selber singe auch oder habe lange Zeit gesungen. Dem Menschen das abzuschneiden, weil es angeblich die Aerosole so verheerend durch die Gegend bläst, dass Singen nicht mehr möglich ist. Auch das ist skandalös. Mir wird schlecht, wenn ich das höre. Das Singen ist so eine elementare, wunderbare Form der menschlichen Äußerung. Lebensfreude. Alles ist darin enthalten. Das Urinstrument ist der Mensch selbst mit seiner Stimme.

**GK:** Ja, man hat ja früher auch in den Schulen noch viel mehr gesungen, jeden Morgen und jeden Tag noch im Unterricht. Ich habe das erlebt, dass wir jetzt bei … , man singt ja noch zum Geburtstag, wenn jemand in der Klasse Geburtstag hat, dass wir das im Chor gesprochen haben, nur noch rein in der Sprechversion, was natürlich eine Satire seiner selbst ist. Und das ist dann auch allen deutlich geworden, wie komisch das dann ist.

**JK:** Aber es ist eigenartig, ich will jetzt nicht auf dem Duckmäusertum rumreiten. Das kann man natürlich. Man kann jetzt sozusagen mit dem Finger auf die Leute zeigen: Ihr seid alle Feiglinge, erbärmlich. Das ist so einfach nicht. Das ist auch schwieriger, weil, man will ja auch letztendlich den Dialog nicht absolut abkappen. Es gibt ja auch eine Verbindung. Es ist gut, dass man sich immer wieder klarmacht, andere Leute denken eben anders, und man versucht doch den Dialog in jeder Alltagssituation. Das habe ich heute Morgen wieder erlebt, auch heute Morgen beim Einkaufen. Ja, plötzlich gibt es so eine Situation, wo man plötzlich „bong-bong" gegeneinander [steht], ja. Gehen Sie doch rein, ja, mit Maske und so, bitte, Sie, gehen Sie weiter weg. Ja, das kennt man doch alles. Trotzdem, tief durchatmen. Das ist nicht dein Feind. Das ist nicht dein Feind, sondern das ist auch ein Mensch, der in bestimmter Weise denkt. Und vielleicht denkt er, dass es ihm hilft, dass es seinen Kindern hilft. Auch wenn wir meinen, oder ich auch meine, dass es gar nicht der

Fall ist. Im Gegenteil. Aber wie gesagt, ich meine schon, die Epidemie der Feigheit gibt es, und gerade, es ist … , dass der Mensch das so macht mit sich, ist auch traurig. Das deprimiert mich auch manchmal, dass der Mensch das ernsthaft mit sich machen lässt. Denn was bleibt denn da übrig? Gar nichts bleibt übrig. Da bleibt überhaupt nichts übrig, da bleibt gar nichts übrig.

**GK:** Und man merkt es nicht mal.

**JK:** Man merkt es nicht mal.

**GK:** Es wird nicht mal vermisst. Also, es wird sehr schnell abgegeben, das, was eigentlich das Menschsein ausmacht. Und vielleicht noch mit der Hoffnung, wir kriegen das ja irgendwann zurück. Man muss ja auch mal ein bisschen auf die anderen achten. Aber ich denke auch, die Menschen sind da nicht die Feinde. Nicht mal der Polizist, der irgendwas durchsetzen muss, ist unbedingt der Feind. Oder der Schaffner in der Bahn, der die Maskenpflicht da durchsetzen muss.

**JK:** Auch nicht unbedingt, nein.

**GK:** Vielleicht nicht mal die Politiker, ich weiß es nicht. Aber, na ja, wir kommen natürlich nicht umhin, da einen gewissen Opportunismus, finanzielle Abhängigkeit auch, zu beobachten. Aber was ist damit, dass die sich fühlen, ja weder opportunistisch noch feige, sondern sie sagen: Moment, ich tue das ja für einen bestimmten Wert, und zwar für den der, sagen wir mal, totalen Gesundheit oder Abwesenheit von Infektionen oder wie auch immer. Was sagt das über unsere Gesellschaft und unsere Zeit aus, dass diese Form von Gesundheit, so als dieser oberste Wert auf einmal herhalten kann, dem alles unterzuordnen ist?

**JK:** Na ja, das hat natürlich eine ganze Reihe von Gründen. Das ist natürlich auch von langer Hand vorbereitet und geplant, nicht. Biotech, Biosecurity ist ja eine bestimmte Richtung, wo man ganz früh ... , wo auch Menschen mit Macht, bestimmten Machtinteressen natürlich ganz genau wussten, dass man darüber den Menschen kriegen kann. Denn wie kriegst du denn den Menschen heute noch? Die Klimakrise ist nichts geworden und die Flüchtlingskrise auch nicht. Aber indem man den Menschen, also seinen Körper, sozusagen das Unmittelbare, die Todesdrohung über ein Virus ... , da kann man die Menschen packen, und an der Todesangst kann man ihn packen. Und so funktioniert es dann, dass plötzlich den Menschen die Angst packt, dass den Menschen die Angst packt, dass er sterben könnte durch eine Infektion. Also jede Infektion [bedeutet] quasi schon gleich die Intensivstation. Und das ist ein Trick von Mächtigen, der ausgedacht wurde, der an etwas ganz Elementares anknüpft. Wie kommt das dazu? Weil natürlich auch die Gesundheit ein elementares Thema ist. Gesundheit und Krankheit, das ist ja hier ... , man könnte ja sagen, hier ist alles krank, alles pathologisch. Die Menschen sind eigentlich krank, sind neurotisch, also gehören sie auf die Couch, eigentlich, ja. Und sie sind auch krank. Sie haben Parasiten, sie haben Bakterien, sie haben Viren und was nicht alles. Ja, aber natürlich sind die Menschen auch krank, und sie sind ungesund und gleichzeitig ist ihr Denken auch pervertiert. Das hängt ja alles zusammen. Und da ist natürlich diese Gesundheit wie so eine Verheißung, so eine verrückte, perverse Verheißung. Du kannst gesund sein, wir können dich sozusagen komplett reparieren, auch digital, wenn es sein muss. Oder KI, künstliche Intelligenz und so, das ist so eine Verheißung. Und die zieht in Menschen, die wirkt in den Menschen, weil der Mensch hat ja eine tiefe Angst nicht nur vor dem Tod, sondern auch, dass er schwer leidet, dass er leiden muss, dass er irgendwo liegt und hilflos ist. Das ist ja … , jeder von uns hat die Angst, dass er hilflos ist. Und da kann man den Menschen packen. Ich würde fast sagen, nur da kann man ihn packen, wie sich gezeigt hat. Da ist es möglich, global, zur Sache zu kommen. Und das wird … , da setzen sich natürlich alle Machtfaktoren rein, die es gibt. Und das Ganze sehen wir ja, deswegen funktioniert das ja auch global. Also Biosecurity ist früh auch in Amerika entwickelt worden als ein wichtiges Thema, und das setzt sich fort und wird sich auch noch weiter fortsetzen. Deswegen ist dann jede Maßnahme berechtigt, weil man ja immer wieder neue Bedrohungen hat. Da ist die Mutation dieses Virus, der [ist] noch was Schlimmeres. Ah, da gibt es ja noch das Biolabor irgendwo im Staat X, [das] arbeitet ja daran. Um Gottes Willen, noch furchtbarer. Ja was ist das dann noch? Der Lockdown muss noch härter werden.

**GK:** Noch härter. Die Schraube kann immer weiter gedreht werden.

**JK:** Immer weiter kann die Schraube gedreht werden, und dann können wir kaum noch atmen. Und was ist dann? Das

Leben wird runtergefahren. Absolut auf ein Niveau, da möchte man sozusagen gar nicht mehr leben.

**GK:** Bricht das dann nicht irgendwann raus? Das ist doch etwas im Menschen drin, was leben will, und zu leben ist doch das Eigentliche.

**JK:** Das merkt man, Gunnar, das merkt man auch im Alltag bei vielen Menschen, sogenannten Alltagsmenschen, die vielleicht mit Bildung, höheren spirituellen Welten nichts unbedingt zu tun haben, die lieber in der traditionellen Religion sich aufhalten oder eigentlich gar nichts dergleichen wollen, in denen es trotzdem so was ganz Elementares [gibt]. Sie verständigen sich ja, und man verständigt sich und lebt irgendwie aus dem Lebendigen. Ja, du hast Kinder, ich habe auch Kinder, deine Eltern und meine Eltern und so, das fügt sich zusammen. Und da gibt es wohl ein elementares Potenzial gegen das Ganze. Aber das artikuliert sich nicht so scharf, obwohl es immer auch mal wieder einzelne wunderbare Menschen gibt, die das klar artikulieren. Irgendwelche Krankenschwestern, die sich da vor die Kamera stellen und einen wunderbaren, klaren Text sprechen, was hier eigentlich läuft, ganz toll. Das finde ich immer großartig. Die Leute haben keine Rednerschulung, die sind nicht auf der Universität gewesen. Müssen sie auch alles gar nicht. Aber sie reden, wie sie fühlen. Und der Mensch ist eben doch auch ein fühlendes Wesen. Er braucht die Gemeinschaft, und das kann man nicht kaputt machen. Das haben auch … , auch der Stalinismus hat es nicht völlig zerstören können. Das ist also auch … , kein autoritäres und faschistisches Regime konnte das total zerstören. Manches hat man dann sogar noch aufgegriffen und pervertiert und ideologisch irgendwie runtergenommen. Also das ist ganz eigenartig, aber ich glaube, da gibt es noch eine elementare Kraft im Menschen, die letztendlich sich doch nicht alles gefallen lässt. Da gibt es irgendwie eine Revolution von unten, was weiß ich, möglicherweise. Also, es gibt die Revolution von unten und die Revolution von oben sozusagen. Und vielleicht muss das zusammenkommen, damit dieses Elendige, was wir erleben, tatsächlich zerbricht. Es muss zerbrechen, es muss an sich selbst zerbrechen. Anders kommen wir doch aus der Kiste nicht raus.

**GK:** Und dann müsste es ein neues Menschenbild geben oder ein Menschenbild, das sich an etwas anderem orientiert. Ist das auch ein Menschenbild, das über Gemeinschaft und auch ein anderes Verhältnis zum Tod oder zum Leiden selber, die Menschen davon oder ein bisschen immun macht gegen diese Vorstellung von Biosecurity und wir kriegen dich über die Angst vor der Krankheit oder vor dem Tod?

**JK:** Ja, würde ich sagen. Da müsste ein anderes durchbrechen. Das kann man aber nicht sozusagen als Agenda aufschreiben, als Charta, erstens, zweitens, drittens. Das geht nicht, so nicht. Aber es gibt was, was aufbricht. Na klar, auch was den Menschen in seiner Zerbrechlichkeit auch wieder neu in den Fokus rückt. Und auch das elementar Menschliche, wozu das eben alles gehört. Ja, das wird aufbrechen. Das glaube ich auch, aber es muss noch was anderes dazukommen. Ich meine ja immer, also wir haben über die Romantik gesprochen, Goethezeit usw., da schien es so zu sein, da war eine Öffnung, und es gab auch andere Zeiten. Es kann ja sein, dass jetzt auf eine andere Weise auch wieder so eine Öffnung passiert und dass in einzelnen Individuen das aufbricht und dass vielleicht dann schneller als wir denken, irgendwie auch eine Verbindung existiert, als ob es da geheime Linien gibt, ja, die das Ganze verbinden und irgendwo plötzlich, nicht dass da nun der gute Mensch hinterm Busch hervorspringt, so ist es nun auch nicht, jetzt mal ein bisschen flapsig Wilhelm Reich paraphrasiert, ja, wenn man, wenn man das alles ausleben kann. Aber das müsste sein, und daran glaube ich eigentlich auch. Ich habe den tiefen Glauben, das habe ich auch schon mal, glaube ich, gesagt, im letzten Video. Ich habe den tiefen Glauben, dass der Mensch nicht wirklich verloren ist. Er ist nicht wirklich verloren. Es ist nur alles zugedeckt, und er ist so drangsaliert, dass er kaum Atem holen kann. Aber es ist da. Das kann nicht sein, dass der Mensch einfach verloren ist. Wir leben nach meiner Überzeugung ja auch in einem lebendigen Universum. Alles ist lebendig und Milliarden von Gestirnen sind bewohnt. Manche beobachten uns vielleicht auch. Wir sind hier ein Gestirn, was auch unter Beobachtung steht. Wir sind ja überhaupt nicht alleine. Und das ist auch ein Wahn, ein naturwissenschaftlich-kosmologischer Wahn, dass der Raum die absolute Trennung bedeutet, so dass wir das überhaupt gar nicht erkennen können. Das müssen wir auch gar nicht. Aber es ist doch da, da müssen wir nicht irgendwelche irrwitzigen extraterrestrischen Bilder heraufbeschwören, die ja auch irgendwo grausig sind und auch pervers. Ja, aber das ist dann noch was anderes, dass wir umfassend eingebunden sind, auch in so eine, in so eine Unendlichkeit, die uns trägt. Ich würde sagen: Das Einzige was uns wirklich trägt, würde ich mal ganz großkarätig sagen, ist die Unendlichkeit. Wir sind sozusagen ... , da sind wir zu Hause und das trägt uns. Das ist doch da, das ist doch nicht weg. Der Raum lebt, die Zeit lebt, alles ist lebendig, nach meiner Überzeugung. So lebe ich auch. Also ich sehe, dass mein Leben so verläuft, und ich sehe das als Möglichkeit, dass es auch andere erkennen können. Und meine Bücher und meine Vorträge gehen auch in die Richtung. Das versuche ich immer wieder zu induzieren, auch mit Argumenten natürlich, immer auch mit Argumenten und immer auch mit dem Hinweis, du musst es nicht glauben. Jochen Kirchhoff ist kein Guru. Du musst es ihm überhaupt nicht glauben. Guck selber in dir nach. Stimmt das, oder stimmt das nicht, ja? Ist es Quatsch, was ich sage? Oder gibt es einen Funken in dir, der vielleicht [sagt], ja, irgendwie könnte der Kirchhoff recht haben, so irgendwas in der Art, und da ist schon ein kleines Flämmchen angezündet. Das finde ich toll, und da freue ich mich immer drüber, auch mit Zuschriften, auch unter den Videos und so. Ich lese deswegen, weil mich das so freut, ja, was geht denn in Leuten vor? Ich will ja mit denen keine Diskussion führen, in diesem Sinne. Aber was geht da vor? Daran glaube ich, dass es möglich ist. Das hält mich überhaupt. Sonst würde ich ja keine Videos [machen]. Das würdest du doch auch nicht machen, man würde [sich] doch die Mühe nicht machen. Man macht es doch nicht, weil man sich selbst so toll findet. Also ich meine, dass Jochen Kirchhoff sich so toll findet, deswegen macht er die Videos, ja, das ist doch lächerlich. So eine Nummer, sage ich mal, ist unwürdig. Also wenn das der Punkt wäre, dann würde ich gleich meinen Laden dicht machen. Ja, also das kann es nicht sein.

**GK:** Ja, es kommt mir eher so vor, dass Diejenigen, die sich vielleicht selber nicht nur toll finden, sondern die sich eben auch gewisse Pfründe sichern wollen, dass die sich an solche Themen nicht ran wagen und da eben sehr, sehr still sind oder sogar affirmativ [gestimmt sind], was so das, was heute passiert, angeht und das eben nicht in dieser Tiefe auch eben analysieren oder sich anschauen wollen, was das mit unserem Menschenbild zu tun hat und was da noch kommen könnte. Aber es ist ja sowieso eine Zeit, wo die Philosophie unter einem schlechten Stern, vielleicht von außen gesehen, steht, wo man sagen könnte, ja, was kann die Philosophie?

**JK:** Richtig. Natürlich ist Philosophie ja eigentlich kein Beruf. Philosophie kann ja heute alles sein. Also, ich bin Philosoph. Es gibt eine berühmte Geschichte, die aus Schuberts Leben berichtet wird. Er lebte zusammen, eine Weile, mit einem gewissen Mayerhofer, und dem fiel auf, dass sein Freund Franz Schubert im Schlafen immer eine Brille aufhatte. Der ging zu Bett und hatte die Brille auf. Und er hat ihn gefragt, warum hast du die Brille auf? Damit ich im Traum besser sehen kann. Und darauf sagt der Mayerhofer, du bist doch ein Philosoph. Also da kommt so eine kleine Drehung rein, plötzlich, der ist so von einer anderen Ebene, ja, also: Was hat die Philosophie? Ja, Gott, die Philosophie hat natürlich auch eine Aufgabe, sagen wir mal, im guten Sinne eine Aufklärungsaufgabe. Damit muss man sich aber beschäftigen. Und sie hat auch die Aufgabe, Dogmen aufzudecken, Fiktionen als solche zu entlarven und auch Grenzen zu zeigen der technischen Naturwissenschaft oder auch wirklich zu fragen: Was sind überhaupt wissenschaftliche Beweise? Das ist mir ein wichtiges Thema. Das ist auch eines meiner Themen, die ich seit Jahrzehnten immer wieder bearbeite. Was ist überhaupt ein wissenschaftlicher Beweis? Wie kommt der zustande? Was macht das Virus? Gibt es überhaupt eine klar nachvollziehbare Kausalkette zwischen dem Virus und der angeblichen durch ihn ausgelösten Krankheit usw.? Und all diese Fragen oder der PCR-Test oder in vielen anderen Dingen: Wie ist das überhaupt? Und da kann die Philosophie einfach einhaken. Das setzt aber voraus, dass man da ganz intensiv mitdenkt. Das ist ein Denken, dass es dann eigentlich weniger jetzt in diese spirituelle Dimension trägt, es ist aber Denken. Also Grundlagen, ich nenne das Grundlagenkritik, weil ich ja der Auffassung bin, dass auch die Naturwissenschaft, Kosmologie und was auch immer, natürlich auch die Virologie und alles, was heute so gefeiert wird, auch kritisiert wird, dass das ohne bestimmte Voraussetzungen, Prämissen nicht funktionieren kann. Und dann frage ich: Wo sind die Prämissen? Und das ist ja: Wovon gehst du eigentlich aus? Also wer mir sein Weltbild entgegenhält, dann frage ich immer: Gut, das hört sich alles sehr interessant an, was du sagst, aber was ist deine ... , wovon gehst du eigentlich aus? Und dann sieht man sehr schnell, dass der Betreffende von ganz bestimmten Grundannahmen ausgeht. Und da frage ich: Woher weißt du, dass die Annahmen stimmen? Weiß ich nicht. Du hast die doch gesetzt. Sind es diese Annahmen, liegen die auf der Straße? Sind das Gegenstände? Nein, das sind Setzungen. Letztlich kann man sagen:

metaphysische Setzungen. Ich glaube eben, der Mensch ist so und so, oder wenn ich eine mathematische Formel habe, die ist konstitutiv für die Dinge, die sie beschreibt, oder eben sie ist nur etwas Abgezogenes, ein Abstraktes, ein Abstraktum. Das sind alles wichtige Fragen. Wovon geht die Naturwissenschaft aus und überhaupt das Denken? Und das kann man in der Virologie ganz genau sehen, wovon die [ausgehen], für meine [Sicht ist das] alles falsch. Ich kann bei jedem ... , das würde jetzt ein eigener Diskurs sein, ich kann überall ... , kann man die erkenntnistheoretischen Fehler sehen, wo sie Halbgedachtes sagen, was nicht stimmen kann, was nicht zusammengehört, was widersprüchlich ist, das ist einfach bloß, das kann man ja auch gar nicht so in die Öffentlichkeit bringen. Ich versuche es ja auch immer wieder, aber es ist einfach ... , es ist schlechte Philosophie, und sie spotten oft über die Philosophie. Aber es ist schlechte Philosophie, schlechte Metaphysik. Und diese Grundlagenkritik der Wissenschaft, das ist eine Aufgabe der Philosophie, finde ich, und der widme ich mich auch seit einem halben Jahrhundert. Das ist nicht mehr mein einziges Thema, aber es ist eines meiner Themen. Diese Grundlagenkritik ... , weil die Menschen sind dankbar, wenn man ihnen zeigt, dass man die Dinge auch ganz anders betrachten kann, wenn ich von anderen Voraussetzungen ausgehe. Also das ist mit allen Dingen so. Oder auch [bei] Theorien, psychologischen und sonstigen Theorien, [da ist] immer die Frage, was ist ... , wovon gehst du aus?

**GK:** Sind die Menschen wirklich dankbar, wenn du so fragst? Das klingt ja schon, eben wenn man sagt, die Virologie, auf welchen Prämissen beruht sie? Ja, dann bist du offensichtlich ein Virenleugner. Du bist ein Corona-Leugner. Es hat ja schon so einen religiösen Anhauch, wenn man früher das religiöse System kritisiert hat. Ja, da warst du ein Gottesleugner, und jetzt bist du ein Virenleugner. Schon wenn du überhaupt nur nachfragst, auf welchen [Grundlagen das beruht]. Dann gab es irgendwann die Aufklärer, die gesagt haben, wir müssen jetzt an die Grundlagen ran. Oder es kam Systemkritik. Das ist heute … , alles liegt irgendwie brach. Und eben der Zweifel oder überhaupt das Denken über diese Dinge, das etwas tiefere Denken ist schon gleich … , hat dieses Geschmäckle des Leugners.

**JK:** Ja, es ist aber auch, du erwähnst das Wort Zweifel, das gehört eben auch mit dazu. Der Zweifel, also, das hat in der Tat … , darüber haben wir im letzten Video auch schon gesprochen, das hat eine religiöse Dimension. Wissenschaft wird sehr schnell auch zur Religion. Ich sage ja oft, es ist eigentlich die Fundamentalreligion schlechthin, die alle anderen Religionen also ins Hintertreffen bringt. Also, ja, das ist etwas Religiöses, da wird man als Ketzer abgestempelt. Aber wenn man sich den Kopf freihält … , und es gibt Menschen, die haben zumindest Zweifel. Und wenn man denen eine Hilfe gibt, wenn man denen eine Hilfe gibt, dass man bestimmte Grundfragen stellt. Ich bin zum Beispiel jemand, der … , jeder hat so seine Methode. Eine meiner Methoden als Philosoph auch, seit ja, Gott ja, ich bin halt ein bisschen älter als du, seit 50 Jahren, ist fragen, immer wieder fragen nach Grundfragen. Die Menschen, auch Wissenschaftler, geben sich viel zu schnell zufrieden mit einer ganz vordergründigen, seichten, abgeschmackten Erklärung. Auch im Leben, ... Biologie, das Leben betreffend. Biologie ist ein erkenntnistheoretischer Abgrund. Keiner weiß, was Leben ist, keiner weiß, wie Leben wirklich entstanden ist. Ist doch alles ein einziges großes Rätsel, wenn man es genauer betrachtet. Was ist eine Phylogenese? Was ist Ontogenese? Was ist die Embryogenese? Es weiß doch kein Mensch wirklich. Was sind die eigentlichen Prägekräfte dahinter? Das sind doch alles nur Fiktionen, die letztlich ein großes Rätsel bedeuten. Da muss man genauer nachhaken. Und da ist die Naturwissenschaft erstaunlich platt auch. Ich habe manchmal im Scherz gesagt, die Neurophysiologie, zum Teil, viele sagen, der Kirchhoff ist ein arroganter Hund, das ist also, das ist sozusagen kaum auf dem Proseminarniveau eines philosophischen Seminars, so platt. Nur weil bestimmte Korrelate da sind, heißt das noch nicht, dass es kausale Dinge sind, Korrelate in der Gehirnrinde sind doch keine Kausalfaktoren. Ich finde das wichtig, dass man da rangeht. Mir macht es auch Spaß, ich habe eine Freude daran. Also, auch Kausalfaktoren ... , was [ist] denn wirklich ein Kausalfaktor, und was ist einfach nur ein erfundener Kausalfaktor. Und da kann man viel sagen, und da kann man auch in der Biologie und in der Physik und in der Chemie, aber auch in der Virologie natürlich [fragen], ja, [Virologie] ist in gewisser Weise auch Biologie, obwohl, Virologie ist ja eigentlich gar keine Biologie und auch keine Medizin, [das] ist eigentlich eine Laborwissenschaft. Das ist eigentlich gar nicht das, [was behauptet wird]. Ja?!

**GK:** Aber trotzdem scheint sie so prägend jetzt zu sein für diese Zeit, und es ist fast schon wie eine Leitwissenschaft. Ist gerade diese Zeit nicht denkbar ungünstig für so eine Grundlagenkritik, wo die Menschen sich ja auch daran klammern und sagen: Jetzt kommst du uns noch mit einer Frage, was sind überhaupt Viren? Oder was ist überhaupt Biologie? Und wir wollen doch jetzt hier Antworten darauf, wie wir unser Leben schützen können. Und das verlangen wir jetzt von jemandem, der eben in Virologie promoviert hat.

**JK:** Ja, oder auch nicht promoviert hat. Ja, na klar. Also, okay, also ja, da komme ich damit an, richtig, da komme ich damit an und bin mal ein Störenfried. Wer solche Fragen stellt, ist auch ein Störenfried. Das weiß ich ja auch aus meiner langjährigen Erfahrung, auch auf Podien mit Wissenschaftlern und so, da kommt jetzt der Jochen Kirchhoff dran. So, okay, was sagt der plötzlich? Also er stört, weil er plötzlich Einwände bringt, und zwar ganz ruhig. Sachlich vorgetragene Einwände. Und das finde ich, das ist möglich. Und das ist gerade heute gut, solche Einwände zu bringen. Ich finde es heute unbedingt wichtig. Was ist denn überhaupt ... , worauf basiert denn die Virologie? Was heißt das denn überhaupt? Wo sind denn die Evidenzen eigentlich? Das berühmte, das Evidenzbasierte, was ja mit Recht angefordert wird? Wo ist das überhaupt, und wo sind die Beweise? Und ich finde immer, wo sind die Beweise? Die müssen ja erst mal erbracht werden. Und was ist überhaupt ein Beweis? Ich frage ja oft, was ist ein wissenschaftlicher Beweis? Der normale Wissenschaftler kann darauf nicht klar antworten, weil er aus seinem Handwerk heraus das alles irgendwie schon zurechtgebaut hat. Er glaubt, er wüsste es, aber er kann gar nicht sagen, was ist denn überhaupt ein wissenschaftlicher Beweis? Warum ist das ein Beweis? Und das ist kein Beweis. Was wäre das dann? Also da ist mir mal ganz wichtig, das habe ich ja bei dem, als der Drosten seinen legendären „Pandemischen Imperativ" ausgerufen hat, fiel mir plötzlich da ein Buch in meiner Bibliothek [auf]. Du guckst ja auch manchmal nach alten Büchern. Was sagen die, das mache ich ja auch. Ja, da fiel mir ein, 1979 habe ich doch ein Buch gelesen, das steht doch da oben. Das hieß, ist ein Buch, die „Philosophie des Als-ob", von einem gewissen Hans Vaihinger. Das ist ein Buch über Fiktionen, ein Buch, was nur ein Thema hat: Wie wird die Fiktion zur Hypothese und zum Dogma? Wie wird eine Fiktion zum Dogma? Eben noch ist es eine windige Fiktion, dann wird es zum Dogma, zur Hypothese aufgewertet, und plötzlich ist es ein … , wird es ein Dogma. Und das ist ein wunderbares Buch. Ich habe schon manchmal gedacht, da schreibe ich einen Rubikon-Artikel darüber. Und da habe ich irgendwie gedacht, ach, es bringt doch nichts, warum soll ich das machen, ja? Also ja, der Philosoph sollte versuchen, da Klarheit zu bringen. Es sollte wenigstens eine Herausforderung darstellen, wenn man ihm zuhört. Gerade heute ist es wichtig, Zweifel ist wichtig, wenn man zweifelt, kann man auch zerstören. Man kann ja alles anzweifeln, aber ein guter, gesunder Zweifel ist immer gut, finde ich, auch im Leben. Überhaupt bei allem, was du denkst, und so, habe ich ja immer gern die Maxime: Du musst immer drei [Dinge beachten], sage ich immer gerne. Der Hakuin [Ekaku] hat mal gesagt, ein großer Zenmeister im 18. Jahrhundert: Du brauchst das Vertrauen, dass dein Weg richtig ist, tiefes Vertrauen. Du brauchst die Bemühung, du musst dich bemühen. Aber das Dritte ist eben, du brauchst auch den Zweifel. Den Zweifel musst du immer haben. Denn woher weißt du in letzter Instanz, dass es stimmt, was du sagst? Ich finde auch immer, es gibt ja auch bei Nietzsche so ein schönes Wort, was ich auch gerne zitiere: Du musst jeden Tag den Feldzug gegen dich selbst führen. Gut, das kann man nicht immer, aber gegen sozusagen … , dass du deine eigenen Dogmen erkennst. Es geht ja auch immer, für einen selber ist [es] immer auch eine Gewissensprüfung, eine Prüfung an einem selber, nicht nur an den anderen. Und ich finde, das ist ein wichtigen Punkt.

**GK:** Aber das ist ein sehr langsamer Prozess.

**JK:** Ganz langsam.

**GK:** Und ist der nicht zu langsam gegenüber der Geschwindigkeit, mit der jetzt eben hier sehr viel umgestellt [wird]?

**JK:** Viel zu langsam, viel zu langsam. Das würde ich auch nicht vorschlagen, das sage ich jetzt mal grundsätzlich. Nein, nein, das bringt jetzt nichts. Also das ist übertrieben, aber man muss, trotzdem finde ich es wichtig, bei Wissenschaft noch mal ganz genau zu fragen: Was ist Wissenschaft? Wie kommt Wissenschaft zustande? Es hat ja eine Geschichte. Es gibt auch Dogmen der Wissenschaft. Und was ist ein wissenschaftlicher Beweis? Und dann ganz nüchtern, ganz präzise, mit kaltem Geist, kaltem Intellekt, das nochmal erforschen. Das geht, das kann man auch in Sprache bringen. Ob das dann wirkt, weiß ich nicht. Also ich habe auch manchmal meinen Zweifel daran, nicht, was mache ich hier eigentlich? Rede ich was, ist es nicht völlig sinnlos hier, diese Dinge in die Welt zu tragen? Aber ich bin immer wieder ermuntert auch durch Reaktionen auf die Videos, die mir doch dann zeigen, okay, es gibt doch Leute, die verstehen das, und die können damit was anfangen und staunen darüber, dass es überhaupt jemanden gibt, der so was macht. Denn ich kenne eigentlich sonst niemanden. Also ich will mich jetzt nicht so rausstellen, aber ich kenne im Moment niemanden, der das so dezidiert auch betreibt, diesen Punkt. Die meisten trauen sich nicht. Die Philosophen sind ja auch ganz klein geworden, haben ihr Spezialgebiet, die Philosophie des deutschen Idealismus oder die Kantische Philosophie in dem und dem Aspekt, [das] trauen sie sich ja gar nicht. Ja, oder gehen in die Geschichte oder machen den Kotau vor Naturwissenschaftlern, wollen sich nicht lächerlich machen. Das ist auch die Angst. Wer solche Dinge in der Öffentlichkeit sagt, die Grundangst, sich lächerlich zu machen, der tritt in die Öffentlichkeit, und plötzlich bläst [einem] ein eiskalter Wind entgegen. Ja, ja, das muss man aushalten.

**GK:** Ja, das ist erstaunlich. Der Philosoph muss sich unbedingt sehr gut auskennen in der Naturwissenschaft, um sich überhaupt auf so einem Feld bewegen zu können. Aber der Naturwissenschaftler, der dann eben zum Beispiel auch so Behauptungen aufstellt wie den „Pandemischen Imperativ" oder so, der muss sich überhaupt nicht in der Philosophie auskennen.

**JK:** Ja, muss er gar nicht. Er [C. Drosten] darf sogar über

Schiller einen Vortrag halten. Darüber wollen wir jetzt nicht reden, was es bedeutet, darüber hast du dich ja schon geäußert.

**GK:** Gibt es denn vielleicht die Hoffnung, dass nicht unbedingt jeder einzelne Gedanke oder jeder einzelne Text eine direkte Wirkung hat, die eben auch messbar ist, sondern vielleicht mehr die Haltung, zum Beispiel deine Haltung als Philosoph, dein Vorbild als Philosoph, du als Figur, dass man sagen könnte, vielleicht wachsen da auch noch mehr heran, die sich dadurch ermutigt fühlen, auch eben in so eine Richtung zu denken. Kann man Philosophie auch lehren, oder kann man eben diese Haltung beibringen, dass man so was wie eben, du hast von einer philosophischen Provinz gesprochen, so was wie eine pädagogische Provinz hat?

**JK:** Da bin ich jetzt nicht drauf gekommen.

**GK:** Schön, ja, das freut mich. Ich durch Hermann Hesse natürlich.

**JK:** Ja, gut, ja klar, „Glasperlenspiel" und so? Ja, nur sehr eingeschränkt. Also ja, ich meine, ich kann mich nicht selber als Vorbild hinstellen. Ein Anderer ist ein Anderer, das ist klar. Aber ja, bis zu einem gewissen Grad ist es möglich, dass man durch eine lebendige Präsenz und Ausstrahlung und Authentizität einfach … , dass da ein Funken überspringt. Denn ich bin ja nicht jemand, der das unbedingt jetzt machen will oder der so gierig darauf ist, nun beklatscht zu werden oder der die Öffentlichkeit braucht. Das brauche ich eigentlich gar nicht, sondern [ich tue das ] weil es mir ein Anliegen ist. Also die Authentizität der Person, die man … , die ein anderer einem abnimmt, finde ich wichtig, dass man sagt, okay, ich verstehe zwar nicht alles, was der Kirchhoff sagt, manches ist mir merkwürdig, kommt mir merkwürdig vor, aber irgendwie ist der authentisch, und der zieht das durch, und der hat auch was zu sagen, und der kennt auch das, worüber er redet. Und da springt ein Funken über, und das ist schön, meine ich. Wenn ich das manchmal hin und wieder höre, dann freue ich mich darüber und denke, okay, also es ist doch nicht umsonst, dass man so redet.

**GK:** Wir haben beim letzten Mal auch sehr den „Megatechnischen Pharao" kritisiert oder das angesprochen, diese Vorstellung, auch das, was wir gerade erleben. Mit der Intensivierung der Technisierung, der Digitalisierung ist es ja schon auch sehr bedenklich, gerade was uns in Richtung Kontrollstaat auch führt und immer weiter in die Abhängigkeit von der Technik. Wie ist da deine persönliche Herangehensweise? Sagst du dir in deinem eigenen Privatleben, ich gehe aus dieser Technik heraus, ich verweigere mich sogar ein Stück, oder ich nutze die digitalen Möglichkeiten? Oder ist es klug, sich im analogen Bereich eben schon Netzwerke aufzubauen, Inseln zu suchen?

**JK:** Ich kann Menschen verstehen. Das sieht man ja jetzt auch bei Einzelnen, die im Grunde genommen das auch wollen, sich einen sogenannten analogen Bereich wieder zurückzuerobern. Ich glaube, dass die digitale Welt, ich weiß nicht, ob die sich überhaupt auf Dauer halten kann, aber ich nutze die Möglichkeit natürlich, wir nutzen sie ja auch. Du und ich, wenn wir so ein Video machen oder auch auf meinem Kanal … und du ja noch viel mehr als ich. Also ja, ich nutze die Möglichkeiten, aber ich glaube nicht, dass es langfristig möglich ist. Ich glaube, langfristig müsste man das wieder aufgeben. Man müsste die lebendige Begegnung haben, die lebendige Begegnung im sogenannten „Analogen", eigentlich im Wirklichen. Das heißt ja analog. Ich finde es eigentlich, das Wort passt überhaupt nicht, komisches Wort.

**GK:** Ganz komisches Wort, es ist nur etwas nicht Digitales.

**JK:** Ja, ja, der Mensch ist eine Analogienquelle für das Weltall, sagt Novalis. Ja, gut also, dass man da sich wieder verankert. Letztendlich lebt man ja auch da. Der Mensch lebt ja gar nicht. Ich meine, der Harald Welzer hat mal ganz witzig gesagt: Wo findet denn Leben statt? Offline findet es statt, Leben findet nicht online statt, Leben findet offline statt. Du bist doch nicht lebendig durch deinen Computer, sondern du lebst offline. Das ist ja sozusagen … , du sitzt als lebendiger Mensch vorm Computer, aber letztendlich bist du der lebendige Mensch. Und wenn man die Lebenskräfte, die dich tragen, eine Sekunde abzieht, bist du erledigt. Oder wenn der große Stecker gezogen wird, bricht sowieso auch das ganze Digitale zusammen. Und das kann passieren, dass der große Stecker einfach mal abgezogen wird.

**GK:** Und dann wäre es ja schon gut, solche Strukturen zu haben für so eine lebendige Begegnung, wenn das einmal so weit kommt. Siehst du dort schon eben Möglichkeiten, die

jetzt gerade gesetzt werden, dass eben Orte, Räume für diese Begegnung [dann da sind]?

**JK:** Sieht man schon. Ja, sozusagen die Morgenröte. Ja, gut,
das haben Menschen immer gesagt und … , „Morgenröte" ist
ein Buch von Jakob Böhme, aber auch von Nietzsche. Die
Morgenröte sieht man dann schon und wunderbar herrlich,
es steigt auf. Vielleicht ist da noch eine Täuschung, aber na
klar, ich glaube daran. Es muss es geben. In diesem Sinne
auch eine Gemeinschaft jenseits der digitalen Welt. Aber im
Moment haben wir die digitale Welt, und das finde ich auch
okay bis zu einem gewissen Grade. Es gibt so eine Megatechnik, die natürlich auch desaströs ist. Das wissen wir ja alle,
[die] ist desaströs. Aber das heißt ja nicht eine Verteufelung
des Technischen in dieser Form, das meine ich [nicht], habe
ich nie gemeint, niemals. Ich habe das mit dem „Megatechnischen Pharao" nicht so gemeint, dass es per se irgendwo des
Teufels wäre.

**GK:** Auch kein Luddismus. Alles wieder zu zerschlagen?

**JK:** Nein, ich habe auch mal gesagt, ich bin kein Maschinen-
stürmer, überhaupt nicht. Aber es muss eine … , eine Megatechnik kann es nicht sein. Es muss eine andere Technik
sein, die menschenfreundlich ist und die auch regional gebunden ist. Das geht. Es müsste eigentlich gehen. Ich will
das Telefon nicht abschaffen. Und ich will auch die Elektrizi-
tät nicht abschaffen. Das wäre ganz falsch. Und wenn
man … , wenn man mich da so versteht, dass ich den „Megatechnischen Pharao", dann sozusagen, dass für mich das der

Teufel ist wie jedes Telefongespräch. Nein, auf gar keinen Fall. Das finde ich wunderbar. Das finde ich eine Errungenschaft. Vieles ist eine Errungenschaft. Man kann es auch nutzen, und das ist auch richtig. Also nein, nein. Aber es gibt Räume, wo man sich begegnen kann. Und ich glaube auch daran, dass Menschen sich da finden können auf eine neue Weise. Ist doch was Wunderbares. Eine philosophische Provinz zum Beispiel.

**GK:** Lass uns doch mit dieser Hoffnung auf die Morgenröte schließen. Jochen, vielen Dank für das Gespräch.

**JK:** Ja, ich bedanke mich bei dir.

**GK:** Das war's für heute bei kaisertv, heute wieder mit Jochen Kirchhoff. Ich hoffe, es hat euch gefallen. Bis zum nächsten Mal. Macht's gut.

\*\*\*

# Wahrheit und Wahn

Transkript des Gesprächs in Biesenthal
am 8. Mai 2021

## Überblick

Jochen Kirchhoff und Gunnar Kaiser diskutieren das Konzept der Wahrheit und ihre Bedeutung im menschlichen Leben. Sie erkunden die Idee, dass Wahrheit eine grundlegende menschliche Sorge ist und ein wesentlicher Aspekt unseres Daseins. Dabei berühren sie auch das übermäßig aggressive und fanatische Verhalten von Menschen bei der Diskussion bestimmter Themen wie Klimawandel oder der COVID-19-Pandemie. Kirchhoff argumentiert, dass Menschen heutzutage zunehmend intolerant sind und gegnerische Ansichten oft mit moralischen Argumenten abtun, um Diskussionen zu beenden oder zu vermeiden. Er glaubt, dass dieses aggressive Verhalten und die Unfähigkeit zu friedlichen Gesprächen bereits vor der aktuellen Krise existierten. Das

Gespräch dreht sich dann um die Rolle der Wissenschaft und ihre Beziehung zur Wahrheit. Kirchhoff stellt fest, dass die Wissenschaft zwar oft den Anspruch erhebt, Wahrheit zu besitzen, aber tatsächlich auf Modellen und Hypothesen basiert, die die Realität möglicherweise nicht vollständig erfassen. Er glaubt, dass es Grenzen dafür gibt, was die Wissenschaft wissen kann, insbesondere wenn es um Bewusstsein und Leben geht. Er erkennt jedoch auch an, dass die Wissenschaft ihren Platz hat und zu technischen Fortschritten beigetragen hat. Das Gespräch berührt auch die Machtstrukturen innerhalb der wissenschaftlichen Gemeinschaft und die Möglichkeit von Voreingenommenheit und Manipulation. Sie schließen mit einer Diskussion über verschiedene Perspektiven zur Wahrheit und die Grenzen von Sprache und Metaphern bei der Erfassung der Realität.

* * *

## Gunnar Kaiser und Jochen Kirchhoff im Gespräch

**GK:** Hallo und herzlich willkommen bei kaisertv. Heute sitzen wir am Feuer mit Jochen Kirchhoff. Jochen Kirchhoff kennt ihr schon jetzt von einigen, glaube ich, zwei oder drei Interviews auf kaisertv. Und heute sprechen wir über das Thema Wahrheit und Wahn. Und wo könnte man das besser machen als eben am Feuer? Jochen, schön, dass du da bist.

**JK:** Ja, ich freue mich auch, mit dir wieder mal zu reden.

**GK:** Ich habe so das letzte Jahr verbracht eigentlich wie wir alle, dachte ich, mit der Suche nach Wahrheit, wie jetzt die Dinge sich verhalten. Und habe gedacht, okay, man muss ja irgendwie dahinterkommen, wie es wirklich ist, was die Wahrheit über zum Beispiel Corona oder die Krise oder die Maßnahmen ist. Und dann habe ich gedacht, das ist doch natürlich, das sich zu fragen. Und dann manchmal in Gesprächen bekomme ich den Eindruck, ich bin damit nicht in der Mehrheit. Die meisten Leute interessiert das gar nicht. Und dann denke ich, vielleicht ist diese Suche nach Wahrheit eher so was wie ein Gendefekt. Würdest du sagen, der Mensch und die Wahrheit, dieses Verhältnis ist eher … , das gehört zur *condition humaine* dazu, dass er nach Wahrheit sucht. Oder ist es nur irgendwie irgendetwas wie eine Krankheit?

**JK:** Na ja, wenn man das mal als Ausgang nimmt. Es gibt ja schöne Worte von Gandhi über Wahrheit: *Truth is God and is the Law of the Universe.* Also Wahrheit ist ein zentrales menschliches Anliegen, würde ich sagen, gehört essenziell zum Menschsein, auch wenn man vielleicht sagen kann, ja gut, was soll Wahrheit sein? Der meint dies, der meint jenes, da gibt es die Naturwissenschaft, da gibt es die Religion, da gibt es Spiritualität usw., ja. Aber dass die Dinge auch wahr sind oder sein können und dass man sie erkennen kann als wahr, finde ich ungeheuer wichtig, [das] hat auch mit Erkenntnis zu tun. Denn wenn man die Wahrheit vollkommen eliminiert, was ja im Postmodernen auch so ein bisschen angelegt, stark angelegt ist, ja, wo landet man da? Ich finde, Philosophie hat nur dann Sinn, wenn man sie auf Wahrheit bezieht, wie die Dinge wirklich sind. Und Wahrheit ist für mich fast ein Pseudonym oder Synonym, besser gesagt, für Wirklichkeit, also für Wirklichkeit. Also ich habe … , mich beeindruckt das sehr, wie das der Gandhi gesehen hat, dass also die Wahrheit eigentlich essenziell ist, also sozusagen Wahrheit auch im tiefsten metaphysischen Sinne, *the Law of the Universe*, das Gesetz des Universums, sehen, und das ist vielleicht die höchste Form, aber es gibt ja abgestufte Formen, gar nicht selbst unterscheidend zwischen absoluter Wahrheit und relativer Wahrheit. Und wir leben weitgehend ja auch erst mal in relativen Wahrheitszusammenhängen. Aber, es ist eine ... , [es] gehört zur Würde des Menschen. Ich möchte es nicht aufgeben, auch wenn ich oftmals nicht weiß, was wahr ist in einer bestimmten Situation, jetzt Corona usw. Aber was mich übrigens an dem Thema, [das] will ich nochmal einleitend sagen, auch interessiert, ist, lange vor Corona habe ich beobachtet, in der Klimakrise, in der Flüchtlingskrise usw., dass die Menschen eine Unduldsamkeit, einen gewissen Fanatismus an den Tag legen, dass man überhaupt über bestimmte Dinge gar nicht mehr reden kann, ohne von vornherein auf ideologisch vorgestanzte Formen zu stoßen. Das war schon damals so, verbunden mit einer Aggressivität. Die Leute werden plötzlich aggressiv und argumentieren, das war auch schon vor vielen Jahren so, dann moralisch. Also, wenn du die Klimakrise leugnest, ja was leugnest du denn da eigentlich? Ja, du leugnest da, dass zig Menschen umkommen werden und können oder sowas, wie jetzt auch in der Corona-Krise. Diese moralische Argumentation, also, das ist ganz eigenartig unter einer Unduldsamkeit auch ein Fanatismus, einem anderen ins Wort fallen, den runtermachen, den niedermachen, die Aggressivität, die heute extrem geworden ist, ja. Die Lager sind so extrem, es war auch schon damals so, man konnte kaum über richtig kontroverse Themen ein ruhiges, friedliches Gespräch führen. Nach relativ kurzer Zeit war es eigentlich zu Ende.

**GK:** Ein Zitat davon von Markus Söder, der gesagt hat, der Klimawandel ist real. Wer ihn leugnet, begeht eine Sünde.

**JK:** Ja, so weit sind wir. Ja, das ist so, also die, nicht dass die Aussage stimme, [sie] ist völlig falsch nach meiner Überzeugung. Aber es ist natürlich einer dieser … , das ist ja ein wesentlicher Punkt heute, ist ja alles … , muss moralisch aufgeladen werden. Es geht nicht nur um richtig und falsch, Erkenntnis und Irrtum. Ernst Mach sagt das ja auch, gehört ja auch in das Thema: Es muss auch moralisch korrekt sein. Die Leute sind superempfindlich geworden bis in die kleinsten, feinsten Verzweigungen ihrer Psyche hinein. Wenn man irgendetwas sagt, was sie verletzen oder beleidigen könnte oder so.

**GK:** Das war also nicht immer schon so.

**JK:** Nein, das war so extrem noch nie.

**GK:** Ich habe manchmal den Verdacht, ja, okay.

**JK:** Also so extrem, muss ich sagen, ist es früher nicht gewesen. Also ich meine, ich bin ja nun kein junger Mann mehr. Also ich habe viel erlebt und viel erfahren. Nein, in dieser extremen Form nicht. Also wenn man, sagen wir mal, bestimmte Essentials des herrschenden Denkens angreift, kritisiert, was ich über Jahrzehnte hinweg gemacht habe, dann stößt man häufig genug auf einen eisenharten Widerstand. Das ist schon richtig. Aber so eine, so eine Runtermache, wie sie seit Jahren existiert, also lange vor Corona, ist doch ein neues Phänomen und auch im Grunde genommen schrecklich, weil es ..., der andere wird so vollkommen ..., dem wird so das Menschliche abgesprochen. Das ist eine Brutalität, eine Verrohung der Sprache mit einer Rechthaberei verbunden, die einfach grotesk ist. Zumal, noch kurz, weil die Leute häufig genug von Dingen behaupten, dass sie so sind und sie moralisch aufladen, von denen sie effektiv gar nichts wissen. Es ist für mich immer ein Phänomen. Leute reden das Blaue vom Himmel, behaupten Dinge, von denen sie überhaupt keine Ahnung haben oder die sie nur aus den Medien haben oder die sie nur ganz oberflächlich kennen. Aber sie behaupten es ständig. Ist für mich atemberaubend, muss ich sagen. Immer wieder neu. Ich weiß das – ja woher denn? Meistens nur nachgeplappert, angelesen. Wo ist denn deine eigene Erfahrung? [Eher] minimal.

**GK:** Oft, je falscher, desto gewisser, und dann ...

**JK:** Richtig, die absolute Selbstgewissheit. Ich bin moralisch sauber, ich bin moralisch auf der rechten Spur, und ich weiß, wie die Dinge wirklich sind. Das ist extrem geworden heute. Und das macht es sehr schwer, einen Disput zu führen, einen Diskurs zu führen mit einem Gegner, sage ich mal, ja, es wird immer schwieriger.

**GK:** Aber ist das nicht miteinander verbunden? Wenn du Gandhi zitierst, *Truth is God,* und sagst, die Wahrheit liegt in der Wirklichkeit, in den Dingen selbst, dann hat das ja auch so was Heiliges. Die Wahrheit hat einen höheren Wert und gleichzeitig kann man doch dann erst sagen: Und wer sie leugnet, der begeht eine Sünde gegen Gott. Wäre es nicht dann sogar dieses postmoderne „Jeder hat seine Wahrheit" irgendwie friedlicher, weil dann könnte man Unmoral ... , also nicht unmoralischer, sondern amoralischer oder nicht so moralisierend rangehen.

**JK:** Ja, in gewisser Weise ist es schon so. Sicherlich, wenn man ... nochmal kurz zu Gandhi. Ja, man könnte jetzt lange über Gandhi reden. Das müssen wir jetzt nicht tun, [er ist] aber eine Persönlichkeit, die ich sehr schätze. Der wahrscheinlich erfolgreichste Politiker des 20. Jahrhunderts und wirklich moralisch integer. Ja, das ist natürlich ein hoher Anspruch. Also er glaubt ja auch an eine absolute Wahrheit. Er sagt aber, es gibt relative Wahrheiten, weil Menschen sind verschieden, sie sind unzulänglich, sie streben und erfinden noch nicht, kommen noch nicht dahin, wo sie eigentlich hinkommen möchten. Aber [es] ist natürlich eine Sakralität in der Wahrheit verbunden. Die Wahrheit ist ein ganz hoher Wert, auch wenn man vielleicht die Wahrheit so hoch gar nicht ansiedelt, finde ich doch, um das nochmal zu sagen, man sollte an ihr festhalten, weil: Wo landen wir, wenn wir die Wahrheit vollkommen außen vor lassen? Dann in der postmodernen Beliebigkeit. Ob das friedlicher ist? Ja, die Erfahrung lehrt eigentlich, dass es nicht so ist, gar nicht. Natürlich gibt es auch den Wahrheitsanspruch irgendwelcher Ideologien, der auch mit brutaler Macht durchgezogen wird, das ist ja klar. Aber Wahrheit und Wirklichkeit, das möchte ich immer, also da bin ich ganz stur, würde ich mal sagen, das möchte ich immer in einer echten philosophischen Diskussion haben und egal mit wem und in welchen Zusammenhängen, das möchte ich nicht aufgeben. Insofern ist das ein hohes Gut für mich, ohne dass ich nun jetzt fanatisch werde oder nun jetzt sozusagen selber nun den Feuereifer entfache. Wer das nicht so sieht, der ist sozusagen auf der anderen Seite, so meine ich das nicht. Aber die Orientierung an der Wahrheit ... , und es ist ja auch die Frage, was wissen wir wirklich? Das ist für mich eine ganz entscheidende Frage, weil Menschen, ich sage es noch mal, glauben zu wissen und wissen oft gar nicht, was ist überhaupt Wissen? Und das finde ich ganz [wichtig]: Was wissen wir wirklich? Montaigne sagt: *Que sais-je?*, was weiß ich? Oder Kant: Was können wir wissen? Das finde ich eine entscheidende philosophische Frage: Was wissen wir wirklich? Und da sollte sich jeder auch immer ernsthaft befragen, auch wenn er Dinge von sich gibt, die er zu wissen glaubt. Wie weit geht das? Also das finde ich einen ganz entscheidenden Punkt in allen Gebieten, in der Wissenschaft genauso. Und jetzt in der Corona-Krise auch. Ja.

**GK:** Aber mit der Komplexität unserer Welt ist ja dann oft so eine Art Aufgabe verbunden, dass man sagt, na ja, was weiß ich denn schon über Corona, ich bin ja kein Virologe oder was, ich bin auch kein Politiker. Ich kann die Welt eigentlich nicht erkennen. So eine Selbstaufgabe, die dann vielleicht dahin führt, der Wissenschaft all ihre Autorität und vielleicht auch Sakralität, eine gewisse Sakralität zuzuschreiben und sich davon zurückzuziehen und zu sagen, das, was die

Wissenschaft sagt, das ist ja dann die Wahrheit. Und dann haben wir auch wieder dieses „trust science". Und wenn du dem nicht vertraust, oder wenn du das hinterfragst, bist du ein Wissenschaftsleugner. Ist das die Gefahr darin, dass man diese Welt, dass man sich zu schnell davon zurückzieht, überhaupt erkennen zu wollen?

**JK:** Na ja, Wissenschaft und Wahrheit ist ja auch ein schwieriges Feld. Ich meine, lange Zeit galt ja in der Naturwissenschaft die Parole, sage ich mal, fast würde ich sagen der Slogan: Ja, wir haben ja nur Modelle der Wirklichkeit. Wie die Wirklichkeit eigentlich ist, wissen wir gar nicht. Also [sie] sagen, wir haben bestimmte Modelle, die funktionieren gut, oder sie funktionieren weniger gut. Aber es sind letztendlich Modelle und auch nur Hypothesen, manchmal auch nur Fiktionen. Was sollen wir denn machen? Wir streben gar nicht diese Wahrheit in diesem Sinne an. Ja, und trotzdem ist natürlich ... , hat die Naturwissenschaft bekanntlich seit 400 Jahren aber verstärkt zunehmend mehr den Anspruch erhoben. Sie ist doch der Hort der Wahrheit. Wenn es die Religion nicht ist, die irgendwie abgewrackt wurde, dann ist es die Wissenschaft. Und dann gibt es eine Ambivalenz. Auf der einen Seite sind es nur Hypothesen und Modelle, auf der anderen Seite gilt es aber als wahr, und das macht die Wissenschaft im Grunde genommen zur Religion. Ich sage ja oft genug und immer wieder auch: Die abstrakte Naturwissenschaft ist eigentlich die fundamentalistische Religion auf diesem Gestirn, auf diesem Planeten, auch vor der alle auf dem Bauch liegen, letztendlich alle. Und da ist das ... , hat immer auch ... , ist immer auch die Frage der Wissenschaft und was weiß die Wissenschaft, was kann die Wissenschaft wissen, und wieso ist sie denn die Religion geworden? Was macht sie denn so stark? Und dass viele jetzt heute sagen, ohne die Wissenschaft geht es nicht. Aber was ist Wissenschaft, was [ist] wissenschaftswürdig? Welches Thema ist wissenschaftswürdig und welches nicht? Das ist ja eine Sache, die mich seit Jahrzehnten beschäftigt.

**GK:** Was weiß denn Wissenschaft nicht? Wo würdest du den Anspruch zurückweisen, dass Wissenschaft uns etwas über unser Leben, Zusammenleben oder die Wirklichkeit dann sagen kann?

**JK:** Da kann ich viel sagen. Da könnte ich mal gleich reinspringen in die Grundqualität Bewusstsein. Ich habe noch nichts gehört, von niemandem in der Wissenschaft, der wirklich erklären könnte, der wirklich fundieren könnte, der wirklich einordnen könnte, was eigentlich Bewusstsein ist. Bewusstsein ist eine Grundqualität im Menschen, vielleicht gibt es nur Bewusstsein, ja, die niemals von der Wissenschaft bisher erklärt worden ist. Zum Teil geben sie das ja auch zu. Der Wissenschaftler blickt, aber der Blickende selber kann in sich selber hineinblicken, nicht? Also er guckt nach außen, und insofern ist ja die Naturwissenschaft auch immer subjektblind, sage ich oft, subjektblind. Der Betrachter nimmt sich raus, ja, er nimmt sich total raus, und er nimmt damit auch gleichzeitig nicht nur das Bewusstsein raus, er nimmt auch, das ist der nächste Punkt, das Leben raus. Ich behaupte – und glaube das ganz gut auch belegt zu haben –, dass auch die Naturwissenschaft nie hat erklären können, was Leben ist. Also niemals. Schon Kant hat ja im späten 18. Jahrhundert gesagt, er kann sich ohne weiteres vorstellen, wie die Gestirne sich bewegen, aber vor einem Grashalm muss er kapitulieren. Also er kann ... , das Leben ist nicht wissenschaftlich erschließbar. Ich kann nicht sehen, dass die Wissenschaft in der Lage gewesen wäre, das, was Leben eigentlich ausmacht, zu erkennen. Also sie kann bestimmte Phänomene beschreiben, das ist ja richtig, das ist ja nicht zu leugnen. Aber das Leben selber, was das Leben selber [ist], was ja immer auch Bewusstsein ist, ist ja nicht einfach nur Stoffwechsel, sondern da weiß die Wissenschaft eigentlich relativ wenig. Und ich könnte jetzt noch eine ganze Liste dazu hinzufügen, was die Wissenschaft auch nicht weiß. Also die Behauptung hier, was ist Gravitation, weiß die Wissenschaft eigentlich nicht. Das ist einfach ... , das ist einfach so, gibt sie zum Teil auch widerwillig zu. Sie wissen eigentlich nicht wirklich, was Licht ist. Sie wissen nicht wirklich, wie der Kosmos gebaut ist. Ist der Kosmos endlich oder unendlich usw. All diese Fragen. Da gibt es ganz viel projektive Anteile und viele Behauptungen und Theorien und Hypothesen und auch nur reine Fiktionen. Also die Wissenschaft hat ein kleines Wirkungsfeld, was man ihr nicht absprechen kann. Es gibt empirische Wissenschaft, ist ja keine Frage, aber dieses Feld ist viel kleiner. [Man sagt], dass viele Menschen der Wissenschaft fast alles abnehmen, hängt mit der Technik zusammen, weil die Technik funktioniert, und viele denken, na ja, okay, mein Computer funktioniert, mein Auto funktioniert, also ist es doch so. Was redet der Kirchhoff da? Wir landen einen Roboter auf dem Mars, der kurvt da rum und sendet scharfe Bilder. Und der redet davon, wir wüssten das nicht. Ja, ja, so ist es doch, nicht?! Das ist doch der große Pluspunkt, den die Naturwissenschaft erstmal hat. Und Wissenschaft ist eigentlich, Gunnar, im Kern immer Naturwissenschaft. Die Geisteswissenschaften waren ja doch immer …, hatten richtig Minderwertigkeitskomplexe. Wenn der Naturwissenschaftler die Zahlenkolonnen an die Tafel schreibt und das alles so mathematisch konsistent zu verstehen glaubt und auch beschreibt, dann sind die Geisteswissenschaftler immer irgendwie …, die Soziologen und die Germanisten und die Historiker und so, die, die neiden das denen und sind eigentlich …, und werden auch so von den anderen betrachtet, eigentlich nicht wirklich [für] voll genommen.

**GK:** Geschwätzwissenschaftler.

**JK:** Geschwätze, ja, da kann man alles … , aber kann man? Man kann den „Faust" so interpretieren oder die „Göttliche Komödie" so interpretieren. Das kann sein, kann nicht sein. Aber das ist doch gar keine Wissenschaft. Wissenschaft ist knallhart, die sogenannten knallharten Fakten, faktenbasiert usw., da können wir noch drüber reden. Aber was sind denn die Fakten, und welche Fakten werden denn überhaupt wissenschaftlich als wissenschaftswürdig anerkannt? Also ich würde mal sagen, die Wissenschaft ist ein ganz schwieriges Feld, hat aber auch mit Wahrheit zu tun. Aber Wissenschaftler, die behaupten es gar nicht wirklich. Es wird fast peinlich, wenn ein Naturwissenschaftler sich hinstellt und pathetisch von der Wahrheit redet. Ja, das tun sie gar nicht. Nicht, ist so. Ja, das würde ich erstmal dazu sagen.

**GK:** Auf einzelne Studien erstmal, zu einem sehr abgezirkelten Bereich; aber [es ist] nicht mehr so, dass „Faust", hast du eben genannt, oder ein Universalgenie jetzt eben eine Grundkosmogonie oder eine Kosmologie aufstellen würde und eine, ja, eine alles erklärende Theorie.

**JK:** Nun kann man ... , okay, also ja, das ist natürlich so, die Spezialwissenschaften sind auch [wie] Ortega y Gasset sagt, sie sind die Idioten unserer Zeit, also die Fachwissenschaftler, die haben ja einen ganz winzigen Sektor, und der sogenannte Laie, der weiß gar nicht, wie winzig der Sektor ist, ja, also auch der Kosmologe X, der Galaxien berechnet, wie sie sich angeblich entwickelt haben sollen, was ich alles so nicht glaube, aber der hat ein Spezialgebiet. Ganz anders ist der Teilchenphysiker. Die haben oft gar keine Ahnung voneinander, aber sie glauben einander, und [es ist] auch nur Glauben, was der Unzicker gerne gesagt hat. Also [nach] Alexander Unzicker ist [es] ein Nachplappern. Sie plappern das nach, was ihnen vorgebetet wird und wissen es gar nicht. Und da sind wir wieder bei der Frage, was weiß man denn wirklich, und wie kann man das überhaupt rausbekommen, was man weiß? Was ist denn die Evidenz? Hier, evidenzbasierte Wissenschaft. Was ist denn Evidenz eigentlich? Wie stellt sie sich her? Und dann hat das ja dann auch mit, sagen wir mal, mit Wahrheit zu tun, aber auch mit Richtigkeit, also auch mit Richtigkeit. Ist ja nicht unbedingt der hohe Begriff des Relativen. Die Dinge stimmen eben, dann müssen sie nicht im allerhöchsten sakralen Sinne der Wahrheit entsprechen, aber sie ...

**GK:** Aber sie passen zueinander.

**JK:** Passen zueinander. Ja.

**GK:** Du hast eben diese Theorie [genannt], oder du hast gesagt, Wahrheit und Wirklichkeit sind für dich Synonyme.

**JK:** Mehr oder weniger. Ja.

**GK:** Ja, und es gibt ja zum einen die Theorie, Wirklichkeit,
die ist da draußen, aber Wahrheit, die ist in unserem Kopf.
Also man sagt ja auch, ich habe eine Wahrheit oder das ist
meine Wahrheit, die ich habe. Und das ist eben die Überein-
stimmung meines eigenen Verstandes mit den Gegenstän-
den. Und auf der anderen Seite gibt es noch die Theorie. Na
ja, wenn es funktioniert, dann stimmt es halt. Wenn das Auto
fährt, dann scheint die Theorie dahinter wahr zu sein. Welche von diesen drei Sachen eigentlich? Die Wahrheit ist da
draußen. Die Wahrheit ist nur in unserem Kopf oder die
Wahrheit ist irgendetwas, was sich im Pragmatischen zeigt.
Welcher würdest du am ehesten zustimmen?

**JK:** Das ist eine gute Frage. Die Wahrheit ist innen und au-
ßen. Das ist genauso, wenn ich dich fragen würde, ist der
Raum innen oder außen. Wie? Was? Innen oder außen?
Weiß ich nicht. So, also so eine Frage. Ja, natürlich, die Wahr-
heit ist innen und außen gleichzeitig. Das ist ja auch die Fra-
ge, also wo ist ... , was ist überhaupt da innen und außen?
Also insofern ist das eine, wie soll ich sagen, eine zentrale
Frage: Das Innen ist auch immer das Außen und das Außen

ist das Innen. Man kann im Grunde genommen erkenntnistheoretisch, jedenfalls neige ich dieser Annahme zu, die ja im Grunde die des Idealismus ist, wenn man so will, man kann etwas nur erkennen, was man selber ist. Also du kannst etwas absolut Verschiedenes gar nicht erkennen, Du kannst nur das erkennen, was du selber bist. Insofern ist Wahrheit immer … , erschließt sich das immer im Wechselspiel von Innen und Außen. Eine Erkenntnis ist ja immer eine geistige Erkenntnis und ist immer ein Geistprinzip, was da drin wirkt, und es [ist] immer innen. Menschen beschäftigen sich ja oder sprechen ja miteinander über Prinzipien und Sprache, das ist ja innen, das ist ja geistig, also eine pure Materialität in der Außenwelt wäre gar nicht erkennbar, wenn nicht der Geist sozusagen Prinzipien entweder projiziert oder herausliest aus den Phänomenen. Es ist ja immer die Frage, Kant, „Kritik der reinen Vernunft": Projizieren wir eigentlich in die Dinge hinein? Auch Nietzsche zum Teil: Wir projizieren letztlich immer nur uns selber. Oder kommt uns da eine Wahrheit entgegen? Ja, oder auch hier, Schönheit. Beispiel, ja, nur mal, ja, schön, der Baum ist schön. Es ist schön im Frühling, wenn alles blüht und sprosst und wächst usw. Ja, ist das jetzt eine Projektion des Menschlichen oder ist das … , liegt das in der Natur selber begründet – wozu ich neige?

**GK:** Okay, ja. Oder es ist so, du hast Nietzsche erwähnt, dass uns vielleicht auch die Sprache einen Streich spielt. Die Sprache spiegelt uns vor durch ihre Struktur, Subjekt, ein Prädikat, ein Objekt, dass die Dinge so und so, die Welt so strukturiert sei. Und wir müssen sie auch so begreifen, wenn wir anfangen zu kommunizieren und schon in unserem Kopf. Aber letztendlich ist da nichts dahinter. Das ist einfach nur ein Heer von Metaphern, wie Nietzsche sagt.

**JK:** Ja, na klar, es gibt auch immer wieder Metaphern, vollkommen richtig. Aber bei Nietzsche ist das ambivalent. Also das ist, ja, er hat diese These, das ist vollkommen richtig, dass wir letztlich nur in Metaphern leben und der Perspektivismus ist nicht auflösbar. Aber eine Perspektive, ein Perspektivismus, den man als solchen beurteilen kann, bedarf einer Metaebene, Metaperspektive. Sonst kann man überhaupt nicht darüber reden. Zum Beispiel Nietzsche, noch mal erwähnt, Nietzsches Kritik an Kant. Also nochmal kurz zu Kant. Kant meinte ja, wir projizieren mehr oder weniger nur. Raum, Zeit, Kausalität usw., gibt es eigentlich gar nicht. Merkwürdig würde man sagen. Wie soll es das nicht geben? Wir projizieren eigentlich nur. Und daher die Kritik der reinen Vernunft heißt die Kritik der reinen spekulativen Vernunft. Und da hat Nietzsche ganz schön und klug dagegengehalten in mehreren seiner Ausführungen. Man könnte eigentlich nur die Reichweite und das Vermögen der Vernunft, der philosophischen Vernunft erkennen, wenn man eine Metaperspektive hätte, wenn man eine absolute Erkenntnis hätte, eine quasi göttliche Perspektive. Wenn man die nicht hat, kann man nie bestimmen, wie weit das geht. Man kann eigentlich nur von einer absoluten Erkenntnis aus die relative Erkenntnis beurteilen. Also Nietzsche ist da auch ... , ich kenne das gut von Nietzsche, na klar. Es ist natürlich auch ein guter, ein guter Impuls, die Dinge auch in ihrer Beziehung zum Menschen zu sehen und zu sehen, dass wir in der

Sprache auch gefangen sind. Also Heidegger, ja gut, sagt, es gibt nur drei Sprachen, die das Sein einfangen: Sanskrit, das alte Griechisch und Deutsch. Da kann man sagen: Ja, der Heidegger, ja, was sagt der so? Ja, ich weiß auch nicht, ob das stimmt. Das will ich auch so gar nicht behaupten. Aber das sind sozusagen ..., da schwingt etwas mit, da scheint etwas auf in der Sprache, und natürlich begrenzt uns die Sprache auch, das ist ja richtig. Aber wir haben ja die Sprache, und die Sprache hat ja auch mit Geist zu tun. Wir haben auch, Gunnar, wir haben ja auch so was wie Logik. Man kann sagen: Okay, Logik, das ist ein Phantasiegebilde. Weiß ich nicht. Es gibt auch eine Logik in den Dingen selber. Wenn es die nämlich gar nicht gäbe, würde Erkenntnis vollkommen unmöglich sein.

**GK:** Die Sprache der Welt, die Mathematik zum Beispiel.

**JK:** Richtig. Es gibt eine gewisse Grundlogik im Sinne von Folgerichtigkeit in der Welt. Und es ist immer natürlich noch die Frage in der Wissenschaft. Mein Namensvetter Gustav Robert Kirchhoff hat mal in seinen Vorlesungen zur Mechanik gesagt: Naturwissenschaft kann nicht erklären, sondern nur beschreiben. Da sind wir wieder am nächsten Punkt, eine andere Ebene wieder. Kann Naturwissenschaft erklären? Was hieße das? Kann man dann fragen, oder [kann sie] nur beschreiben? Und das sind ja auch alles Fragen, die bedacht werden müssen. Da können wir sagen, ja gut, das sind alles philosophische, abstrakte Fragen, auch heute in der Krise. Und viele sagen: Ja, Herr Kirchhoff, was sagen Sie da, ist ja alles interessant, aber wir müssen doch evidenzbasiert jetzt wirklich mal argumentieren. Ja, das können wir auch, das tue ich ja auch, das machen wir ja auch. Aber es ist doch wichtig, dass man sich noch mal im Grundlegenden darüber im Klaren ist, was ist eigentlich bewiesen? Man hört oft von den Menschen in hitziger Diskussion oder auch im Gestus der Macht: Da, die Wissenschaft hat bewiesen, das, das, das, das. Okay, gut, warum sagen andere Wissenschaftler was anderes? Was ist das dann? Wer prüft das nach? Wer bestimmt das? Insofern ist Wissenschaft auch immer machtförmig, machtförmig. Die Macht spielt immer eine Rolle. Also die Macht, die Wissenschaft bedarf der Macht. Und was heißt das? Also erklären und beschreiben finde ich einen ganz wichtigen Punkt. Also wenn jetzt behauptet wird, hier, der PCR-Test, ja, selbstverständlich kann der die Infektionen nachweisen, alle. Die evidenzbasierte Untersuchung zeigt, dass [er] es nicht kann. Aber man kann natürlich stur behaupten, ist doch so! Ja, ja, das geht.

**GK:** Also ich meine, wenn du jetzt so an der Wahrheit als einem idealistischen Begriff, der wirklich mit etwas Objektivem verbunden ist, festhältst und andere kommen aber mit einem Wahrheitsbegriff vielleicht auch nur implizit, eigentlich ist es ja ein Sprachspiel oder vielleicht mehr so ein Sprachwettbewerb, was ganz viel mit Macht zu tun hat, so eine Art machiavellistischer Wahrheitsbegriff und [sie] sagen, ja, der Herr Kirchhoff, der kann ruhig an seinem objektiven Wahrheitsbegriff festhalten. Aber wir – *might makes right*, wie es im Englischen heißt –, und dann ist es letztendlich egal, was man für wahr [hält], nein, was wahr ist. Wichtig ist das, was offiziell für wahr gelten kann.

**JK:** Ja, natürlich, das ist richtig. Da kann natürlich auch eine Wahrheit, in Anführungszeichen gesetzt werden, die als absolut angesehen wird. Und wer sie nicht anerkennt, der kann im schlimmsten Falle auch sozusagen eingesperrt werden. Der kann nicht nur mundtot gemacht werden, dem kann nicht nur der Kanal abgezwackt werden, der kann alles Mögliche erleiden und er kann …, im Extremfall kann er umgebracht werden. Siehe Giordano Bruno, der verbrannt worden ist von der Inquisition. Das ist dann ein extremer Fall. Das kann natürlich auch sein, aber auch der Machtzusammenhang spielt natürlich eine ganz entscheidende Rolle. Also das ist ja nicht zu leugnen. Und wer entscheidet das dann? Gibt es ein Forum, vor dem das wirklich entschieden werden kann? Und dann ist man bei die Frage, ja, wo ist das Forum? Gibt es das? Und wo ist die Evidenz, also evidenzbasiert möchte jeder gerne sein in seiner Wissenschaft. Aber wenn man sein eigenes Leben betrachtet, seine eigene Biographie, wo ist denn wirklich die Evidenz, dass etwas wirklich so stimmt? Wie ist das mit der Evidenz? Wie stellt sie sich her, wenn ich eine mathematische Formel gefunden habe? Oder wenn ich einen Begriff gefunden habe oder wenn ich eine Kausalität herstelle? Ist ja auch wichtig immer, die Kausalität. Hier hast du das Phänomen A, da hast du das Phänomen B. Wie kommt das eine zum anderen? Ist das nur korreliert, oder ist es wirklich ein Kausalfaktor, der das bestimmt? Siehe Infektionen usw.

**GK:** Und ist es dann ein Weg nach oben? Also, so wie wir emporstrebend uns irren über Falsifikation, und wir müssen schon sagen, naja, das sind erstmal so Thesen, und solange die sich nicht falsifiziert haben, nennen wir das mal Wahrheit. Aber irgendwann nähern wir uns der Wahrheit über dieses „trial and error", dieses Verfahren. Oder ist es im Grunde genommen nur so ein Tappen im Dunkeln? Wir haben das mal ausprobiert, ja, das hat vielleicht sogar für ein gewisses Paradigma, vielleicht für ein ganzes Jahrhundert, gegolten. Jetzt gilt was ganz anderes, und jetzt gibt es bald eine ganz neue Normalität. Jetzt ist zum Beispiel Herdenimmunität mal was ganz anderes. Jetzt kann [man] sie nur noch mit Impfung erreichen. Das ist jetzt einfach die neue Wahrheit. Sie hat aber ... , sie ist nicht ein Fortschritt, sondern sie ist einfach nur anders als die vorherige. Ja?

**JK:** Ja, ob das mit „trial and error" wirklich vorangeht, weiß ich nicht. Also ich kenne mich in der Wissenschaftsgeschichte eigentlich ganz gut aus. Was hat sich durchgesetzt? Es gibt ja immer eine Siegergeschichte, immer, überall, nicht nur politisch, und eine Verlierergeschichte. Was hat sich wirklich durchgesetzt, und wie schwer war es, bestimmte grundlegende Prinzipien gegen lähmende Autoritäten durchzusetzen, die Halbgottcharakter hatten? Zum Beispiel die Wellentheorie des Lichts, die sich im frühen 19. Jahrhundert durchgesetzt hat, weil es starke Evidenzen gab, hatte anfangs ganz große Schwierigkeiten gegen die lähmende Autorität Newtons, der von einer Korpuskulartheorie ausging. Also das Licht ist sozusagen ein kleiner Teilchenschauer. Und da Newton eine so ungeheure Autorität hatte, im kosmologischen Sinne auch, war es ganz schwer, diese Autorität zu überwinden. Und da sind wir auch bei dem, was wir noch nicht erwähnt haben. Auch bei der Autorität, ist ja nicht nur die Macht, es gibt ja auch die Autorität und die Angst, sagen wir mal, etwas zu behaupten, was der Autorität widerspricht und sich lächerlich zu machen. Die Menschen haben ja häufig genug auch Angst, nicht nur [wegen] Repressalien, sondern sie haben Angst, sich lächerlich zu machen. Also ich behaupte ja auch viele Dinge. Sagen die, die stimmen überhaupt nicht. Ich habe eine ganz andere Weltsicht. Aber man muss [das] wirklich ..., das muss man fundieren. Aber man muss auch Autoritäten einfach mal sozusagen zum Teufel jagen. Weil, wenn man damit anfängt, wenn man sich auf Autoritäten beruft, ist [es] ganz schwierig, denn das ist eine Dogmatisierung, die sich dann einstellt. Die ist so extrem, und da muss es gar keine Machtausübung geben, sondern das stellt sich dann von alleine her. Das ist wie ein ..., wie ein sozusagen ..., plötzlich ist da eine Wahrheit, ein Anspruch, die verbindet sich mit bestimmten Personen. Die haben praktisch ..., es ist praktisch Personenkult. Einstein zum Beispiel. Das kann man ganz viel kritisieren, ist auch viel kritisiert worden. Und zwar, aber sozusagen ..., es ist so sakrosankt, so dass es allein schon schwierig ist für viele, das ernsthaft zu kritisieren. Oder jetzt die Urknalltheorie. Hast du so einen [Einwand]? Es gibt so viele Einwände dagegen, und wir haben auch ein Video gemacht auf meinem Kanal, ein Anti-Urknall-Video. Also ich [habe] ganz viele [Einwände], das müssen wir jetzt nicht erörtern. Es gibt ganz viele Argumente dagegen, aber das wird so als ein Dogma behandelt, dass einer, der zum Beispiel veröffentlichen will, in einer Zeitschrift im „Peer-Review" dann gleich durchfällt, durchs Raster fällt. Oder das ist ja überall dann so, du fällst dann sofort durch. Also wenn du hier, wie heute auf einer anderen Ebene, wenn du in der Mainstream-Presse oder in den sogenannten Qualitätsmedien bestimmte kritische Anmerkungen machen kannst, kannst du das nur, wenn du [sie] ganz geschickt verpackst. Wenn du das so machst, dass es nicht … , dass die eigentlich heißen Dinge nicht so direkt und brutal rauskommen, sonst wirst du gleich runtergemacht. Nicht, das ist auch so, ist ja auch eine Autorität, aber auch mit Macht verbunden. Aber die Naturwissenschaft hat natürlich auch immer Macht, weil die Institutionen in aller Welt natürlich auch auf Geld angewiesen [sind], nicht, auf Geld. Ich meine, ich habe schon mal erwähnt, dieses Urknall-Podium, was ich mitgemacht habe, wo ich ja dagegen gesprochen habe. Da war auch einer vom Wissenschaftsministerium dabei, ein Historiker, und der hat damals gesagt, was den Physikern sehr wenig geschmeckt hat, dass der Kirchhof, der uns dahin gebracht hat … , der hat gesagt, ja, wenn das stimmt, was der Kirchhoff sagt, kann man noch sich klar machen, dann müssen wir überlegen, ob wir für diese Forschung noch Forschungsgelder bereitstellen. Der [hat] vor 800 Leuten, vor laufenden Fernsehkameras, gesagt, also was, welche Forschung lohnt sich denn eigentlich noch? Und heute müssen die Leute ja immer buhlen um die Forschungsgelder. Und das spielt auch noch hinein. Also das ist auch noch ein Thema, das ist irgendwie pervers, das hängt am Geld.

**GK:** Ja, es macht sich auch jemand lächerlich, der zum Beispiel die Virentheorie bezweifelt. Ich glaube, da hängt auch sehr viel Forschungsgeld dran, dass man jetzt eben …

**JK:** Na klar, in diese Richtung. Wir haben … , ich habe ja auch schon mal angedeutet, das Virus ist eine philosophische Herausforderung. Gibt es das Virus überhaupt, oder ist es je isoliert und gereinigt worden? Eigentlich nicht. Es ist nur eine Struktur. Es ist ganz schwierig. Ich würde nicht behaupten, das ist so, ich weiß es auch nicht im Letzten. Aber, noch mal ein kurzer Punkt, den du vorhin gesagt hast mit der Evidenz. Sagen wir mal, es funktioniert etwas, deswegen ist es wahr. Es ist ja nun bekannt, dass in der vorkopernikanischen Zeit in dem ptolomäischen Weltbild ja auch eine Möglichkeit bestand, Gestirnpositionen ganz exakt vorauszusagen in diesen Epizykelsystemen. Die waren so genau, so präzise, die konnten Sonnenfinsternis, Mondfinsternis ganz genau voraussagen, und trotzdem stimmte es nicht. Und Kopernikus war am Anfang in seinen Thesen, in seiner Theorie, in seiner Erkenntnis ungenauer als die vorherigen Werte, weil er zum Teil noch alte und überholte antike Werte benutzt hat. Aber auch da muss man sagen: Das ptolemäische Weltbild war falsch. Es war eigentlich eine Lüge. Es ist sozusagen eine Fiktion, nicht wahr, eindeutig als nicht wahr erkennbar. Und trotzdem hat es ermöglicht, dass man bestimmte Dinge voraussagen konnte. Und das ist ja wichtig in der Wissenschaft. Die sogenannte Voraussage, die Evidenz ist immer auch Voraussage. Wenn ich voraussagen kann, was passiert, dann ist ein Teil … , dann hat es auch seine Berechtigung. Also, auch das stimmt dann nicht. Es kann eine Überzeugung wahr sein, aber sie hat noch nicht die Bataillone der Details und dem Kritiker, das wurde auch bei Kopernikus gemacht, und jetzt also würde ich auch sagen, wurde auch zum Teil, wird auch immer noch bei mir gemacht, wenn man etwas ganz anderes sagt und nicht alles, nicht jedes Detail mitdenken kann, weil es erstmal ein großer Entwurf ist, dann wird jede Schwäche, die in jeder Überzeugung immer drinsteckt, dann gleich gegen ihn gewendet. Und das war bei Kopernikus ja auch so, der Haupteinwand war naheliegenderweise ... , was war der Haupteinwand?: Warum merken wir nichts von der rasenden Geschwindigkeit von 30 Kilometer pro Sekunde? Ja, warum? Das war der Haupteinwand. Das ist doch unmöglich. Ist doch absurd. Wenn wir beide hier sitzen, dann ist es ... , sitzen wir doch in Ruhe. Und dabei rasen wir. Wir sitzen auf einer Kugel, die mit rasender Geschwindigkeit sich durch die Schwärze der Nacht bewegt. Was treibt sie an? Wissen die Physiker das eigentlich nicht? Nicht wirklich. Sie wissen das eigentlich gar nicht. Und das ist ja auch so, die haben es aber geschickt verstanden, das zu verschleiern. Also, das ist auch sehr interessant, sich das mal klarzumachen. Warum? Wenn man zum Beispiel, sage ich mal, einen beliebigen Menschen, ich will jetzt nicht zu sehr abschweifen, auf der Straße fragen würde: Warum merkt man eigentlich gar nichts, dass wir uns rasend schnell bewegen? Was wäre die Antwort? Ich habe mehrfach in Vorträgen und Seminaren die Frage gestellt. Immer wieder kam auch zum Teil: Ja, na klar, die Physik weiß das. Was ist denn die Antwort? – Da kam gar nichts. Das ist nämlich das Relativitätsprinzip der klassischen Mechanik im Sinne von Newton, dass nämlich die Bewegung und die Ruhe, die geradlinig gleichförmige Bewegung und die Ruhe, identisch sind. Das ist eine Fiktion, was die Physiker auch gerne zugeben. Ja, also das muss man auch dazu sagen. Also auch da sind wir in einem ... , was ist die Fiktion? Das haben wir auch schon mal angedeutet, glaube ich, in einem Video, dass mit Vaihingers „Die Philosophie des Als-ob". Der hat ja gezeigt in seinem klugen Buch, 1911, lange her, also vor mehr als 100 Jahren: Wie wird eine Fiktion zum Dogma? Und das erleben wir ja heute wunderbar. Eine Fiktion, wird dann zur Hypothese, es könnte doch wahr sein, Popper, falsifizieren, verifizieren. Aber jetzt ist es wahr. Es ist die Wahrheit, und das ist ein Dogma. Und die Wissenschaft ist voller Dogmen. Wenn man das sagt in der Öffentlichkeit, dann kriegt man schnell Gegenwind. Und das habe ich in meiner Universitätslehrtätigkeit immer wieder auch gemerkt, wenn man das dann anführt. Und dann sind Physiker oder Mathematiker im Publikum, was oft der Fall war, weil [sie] hören wollten, was sagt der Kirchhoff, und dann sind die sehr böse, wenn man sowas, solche Begriffe benutzt. Ja, ich glaube auch sogar, dass ich der Erfinder des Begriffes „Mainstream-Naturwissenschaft" bin. Der ist nie vorher gebraucht worden. Das habe ich vor Jahrzehnten mal geprägt und hatte im Kontakt mit einem damals sehr bekannten Astronomen, der hat gesagt: Herr Kirchhoff, das finde ich unmöglich. Sie reden von Mainstream-Naturwissenschaft, als ob es was anderes gäbe. Das ist die Wissenschaft selbst. Das ist keine Mainstream-Naturwissenschaft, ja – aber mittlerweile kann man sehr wohl sagen, es ist doch der Mainstream, auch in der Wissenschaft. Es gibt eben auch eine andere Geschichte, die darunter liegt und die auch dagegen ist. Also Giordano Bruno ist ja so ein Beispiel, und auch die romantische Philosophie hat einiges zu bieten. Nicht, dass man sie pur so übernehmen kann, aber sie hat auch gute Impulse, und das ist auf jeden Fall auch ein Gegenimpuls, weil ich davon ausgehe, Bewusstsein ist überall und lebendig, überall ist auch Leben. Also wir leben in einer lebendigen Welt. War auch eine These, die in der Naturwissenschaft nie hat belegt werden können: dass aus Totem Leben entstehen soll. Meine These ist, Leben entsteht gar nicht. Leben hat es immer gegeben, immer und genauso, wie es die Welt immer gegeben hat. Also wir leben in einer unglaublichen, unendlichen und ewigen Welt. Es gab immer bewusstes, lebendiges Leben, das entsteht gar nicht, sondern es verwandelt sich nur. Wir leben in einer sich unendlich verwandelnden Welt.

**GK:** Deine Thesen jetzt, deine Prämissen, auch.

**JK:** Prämissen – ... ist auch gut.

**GK:** Weil du hast öfter mal jetzt die Formulierung, ich glaube, dass die Wahrheit so ist. Ich glaube, dass die Wirklichkeit so ist. Kommt man da ohne Glauben hin? Ist es mehr als nur ein Glaube? Oder hat es letztlich doch irgendwo einen Anker in einer Überzeugung, an der man festhalten will?

**JK:** Richtig, das würde ich auch nicht abstreiten. Es hat auch ... , ja gut, wenn man ehrlich ist, und ich möchte also jetzt mal ganz ehrlich, natürlich hat es einen Anker auch an einer gewissen Glaubensüberzeugung. Also es gibt da schon ... , wo ist denn die letztgültige Beweisbarkeit für manche Dinge? Das ist dann auch sehr schwierig und dann ist es eine Glaubensüberzeugung. Diese Glaubensüberzeugung ist aber auch generell beim Erkennen immer mitgegeben. Erkenntnis, eine pure, reine, absolute Erkenntnis wird es sicherlich geben, davon bin ich auch überzeugt.

**GK:** Für den Menschen.

**JK:** Für den Menschen. Aber es ist doch so, dass da gewisse Grenzen existieren. Also, und dann, wenn man ehrlich ist, müsste man sagen: Ich glaube, dass Einstein recht hat, wenn er annimmt, dass der Raum gekrümmt ist. Ich sage das Gegenteil. Ich sage: Der Raum ist nicht gekrümmt, [das sind] bestimmte Felder im Wechselwirken, die krümmen sich, gut. Wer hat recht? Einstein hat natürlich recht, weil er ist bekannt, der ist weltbekannt. Den Kirchhoff kennen nur wenige. So, okay, aber da ist natürlich auch ein Glaubenselement [enthalten]. Das findet man ja auch bei den Physikern selber. So eine metaphysische Grundannahme also auch, es gibt eine Weltharmonie, die spiegelt sich in den Zahlen. Und von dieser Weltharmonie gehe ich aus. Viele treibt es vielleicht zur Physik gerade deswegen, weil sie irgendwie uns dem Geheimnis des Seins im Kosmos näher bringt. Das tut sie aber im Grunde gar nicht. Also, aber das ist, glaube ich, der tiefste Antriebsgrund, sich auch mit diesen Dingen zu beschäftigen. Also, da würde ich dir schon recht geben. Da muss man dann ehrlich sein. Man muss dann sagen: Okay, das ist meine Überzeugung. Woher stammt dann diese Überzeugung? Ja, die habe ich im Laufe von Jahrzehnten, habe ich mir das erarbeitet. Ja, das ist trotzdem noch kein Beweis, nicht. Also das würde ich dann auch nicht so *ex cathedra*-mäßig behaupten. Man muss dann schon Evidenzen vorbringen, die irgendwie eine Konsistenz haben, auch wenn sie nicht den letztgültigen Wahrheitsanspruch haben. Aber es ist doch schon wichtig, wenn man bestimmte Fragen stellt. Zum Beispiel eben die Frage: Warum merken wir nichts davon? Oder warum schweben wir? Was ist eigentlich Gravitation? Es ist so, alle Materie drückt so nach innen, aber wir schweben doch, oder schweben wir gar nicht, wenn der Mond da steht? Ja was ist denn nun? Die Kinder fragen: Schwebt, ja, hängt der oder schwebt der? Oder was ist da überhaupt? Ja, das sind hochinteressante Fragen. Ja, und die können einen einfach erstmal vollkommen verwirren. Und diese Fragen zu stellen, und das finde ich für die Philosophie wichtig, das habe ich auch schon mal gesagt: Der Philosoph sollte gute Fragen stellen. Und das finde ich essenziell: gute Fragen stellen.

**GK:** Und er sollte über dieses Fragenstellen diesem Geheimnis des Seins, von dem du eben gesprochen hast, näher kommen, denke ich.

**JK:** Er kann durch gute Fragen zumindest etwas aufscheinen lassen im Menschen, auch einen Ruck auslösen. Ja, tatsächlich, das ist ja gar nicht richtig erkannt. Das ist ja tatsächlich verblüffend. Ich habe oft auch mit diesen Fragen in der Öffentlichkeit diese Verblüffung ausgelöst. Ja, Mensch, Herr Kirchhoff, tatsächlich, darüber habe ich nie nachgedacht. Das wissen die Physiker gar nicht? Nein, das wissen Sie nicht. Gar nicht, oder? Gravitation? Ist das unendlich schnell von A nach B, oder braucht das Zeit, Lichtgeschwindigkeit oder so? Und all diese Fragen, ja. Also das sind … , ja, also man kommt dem Geheimnis des Seins näher, meine ich, und nicht unbedingt „Seyn" nach Heidegger, ja, der überhaupt nicht Wissenschaft denkt, gar nicht. Das würde ich nicht sagen. Die Wissenschaft denkt auch, aber Wissenschaft denkt in bestimmten, auch mechanistischen, zum Teil auf monokausalen Strukturen. Das sieht man ja jetzt ganz deutlich in der Corona-Krise, was da Wissenschaft ist, monokausal und mechanistisch. Das betrifft das Leben gar nicht, wie die Medizin ja auch monokausal-mechanistisch geworden ist. Kein Wunder, dass dann so was dabei rauskommt. Ist ja nicht so einfach. Das würden ja viele ... , auch Clemens Arvay würde mir ja da auch zustimmen. Das ist doch keine adäquate Betrachtung des Lebendigen, wenn man, wenn man das monokausal und mechanistisch sieht. Das stimmt einfach.

**GK:** Das ist aber unser heutiges Weltbild. Und wenn man normalerweise auf die Vergangenheit und die Wissenschaftsgeschichte guckt, dann sagt man, es war ein Emporschreiten hin zu einem aufgeklärten Zeitalter oder zumindest einer Zeit, einem Zeitalter der Aufklärung. Und wir sind heute in einem helleren Zeitalter als früher. Gibt es für dich Zeitalter oder auch Paradigmata, wie auch immer, die diesem Geheimnis des Seins näher waren als wir heute? Würdest du sagen, wir leben eigentlich in einem dunklen Zeitalter? Und gibt es etwas, wo man sich dran orientieren kann? Du hast eben schon Giordano Bruno genannt. Du hast die romantische Naturphilosophie genannt. Gibt es für dich eine Kultur, ein Denken oder eine Epoche, die der Wahrheit näher stand?

**JK:** Das ist gut gesagt. Ja, das weiß ich gar nicht. Also, ich würde sagen, nach meiner Kenntnis der Geschichte kann ich nicht auf eine Epoche verweisen, wo die Wahrheit höher im Kurs stand. Gut, ich könnte sagen: das klassische Griechenland. Schwierig bei dem klassischen Griechenland. Da gab es die vorsokratische Philosophie, die war hochinteressant, der tiefste Geist Heraklit, Herakleitos. Aber was kam dann? Dann kam ja auch eine sehr ambivalente Geschichte. Also Platon ist für mich eine sehr ambivalente Figur wie auch Nietzsche. Also ich bin kein Platoniker in diesem Sinne, aber ich verstehe die Wirkung. Was kam dann? Dann kam die Verschmelzung mit dem Christentum dann auch. Also ich weiß es nicht. Ich kann keine Kultur erkennen, in die man zurück möchte, oder wo man sagen kann, da möchte ich [hin zurück], da war die Wahrheit, [dort] ist die Wahrheit höher geachtet worden. Eigentlich nicht. Und, Gunnar, ich bin auch nicht absolut aufklärungsfeindlich. Die Aufklärung hatte auch durchaus sehr positive, sehr wichtige und schöpferische Aspekte. Es gibt eben die Dialektik der Aufklärung, das muss man immer mitsagen. Ich möchte nicht absolut hinter die Aufklärung zurück, weil vieles von dem, was ich sage und wie ich auch argumentiere, ist ja auch ohne die Aufklärung gar nicht denkbar. Aber es ist trotzdem, dieses Spirituelle ist da drinnen, auch in der idealistischen Philosophie, und man kann sich nur an einigen Impulsen orientieren, die es gibt. Da habe ich schon genannt Giordano Bruno, da kann man die romantische Naturphilosophie nennen. Da nenne ich gerne den Philosophen Helmut Krause, den ich ja auch noch gerade gekannt habe in den letzten Jahren seines Lebens. Und da bin ich natürlich von vielen Punkten auch beeinflusst und kann das auch angeben. Aber es ist immer ein Rätsel. Es gibt immer noch was Unenthülltes, und ich denke mal, es ist eine Menschheitsaufgabe, die vielleicht jetzt möglicherweise ansteht, in der schwierigen Epochenscheide, an der wir stehen, dass da sich etwas entbirgt, verbirgt immer und jetzt entbirgt. Ja?! – um mal diesen Begriff zu benutzen.

**GK:** Die Apokalypse.

**JK:** Ja, die Apokalypse. Aber auch die Apokalypse, ja, ursprünglich eigentlich [als] die Offenbarung und jetzt als Katastrophe meistens. Aber dass ich da vielleicht in dieser äußersten Zuspitzung, die ja global existiert, die ja einen auch schaudern lassen kann ... Also manchmal bin ich auch entsetzt, ich denke, das gibt es doch gar nicht. Das kann doch nicht wahr sein. Ja, ich bin richtig geschockt und entsetzt. Es ergreift mich emotional sehr tief, was hier läuft auf dieser Erde. Und trotzdem, weißt du ja, gehöre ich zu den Menschen, die immer noch der Auffassung sind, es gibt darin noch ein Potenzial, eine Hoffnung und auch eine Erkenntnis, die noch nicht ausgeschöpft ist. Wir wissen noch gar nicht, wer wir sind! Da sind wir. Der Mensch weiß, apropos Wissen, weiß sehr wenig über sich selber, ist ein Abgrund. Der Mensch in der Tiefe der Nacht, Gunnar, der um 3 Uhr nachts aufwacht und einsam ist und Angst und Alpträume hat– was weiß der über sich selbst? Was weiß der Mensch überhaupt über sich selbst? Also das ist ... , der Mensch ist ja ein Abgrund. Der Mensch ist ja ... , du bist ein Abgrund, ich bin auch ein Abgrund. Wir sind Abgründe. Aber wie tief reicht das? In den Weltengrund würde ich sagen. Wir sind mit der Welt verbunden. Wir sind, wie die Welt selber ist. Die Welt hat eben auch Abgründe.

**GK**: Wir sind weltförmig.

**JK**: Wir sind weltförmig, ganz genau. Und wir sind jetzt in einer Phase. Das ist immer meine Hoffnung. Viele sagen, ja, du, was, du hast da eine Hoffnung? Da ist doch gar keine Hoffnung, das ist doch ganz klar, das ist alles vorgezeichnet. Da gibt es irgendwie die „New World Order", und dann sind wir …, irgendwann kriegen wir den Chip eingepflanzt und dann …, alles ist doch so klar, wie das weitergeht. Was willst du da überhaupt noch gegen sagen? Aber in diese, sozusagen in diese Schiene möchte ich mich dann doch so nicht begeben, weil ich glaube, dass ein unausgeschöpftes Potenzial im Menschen liegt, in dir, in mir, in anderen, und dass das sich menschlich auch verbreiten kann. Und da ist der Einzelne auch wichtig, finde ich. Da ist der Einzelne auch mit seiner Stimme wichtig, seine Stimme zu erheben und das auszusprechen, zu formulieren, und da ist der Einzelne immer aufgerufen. Ernst Jünger sagte mal ganz gut, finde ich, einen schönen Satz: Jeder Mensch kann in einer schwierigen Lage ins Absolute eintreten. Ein bisschen pathetisch jetzt gesagt, aber ja, typisch, ja, aber trotzdem, da ist was dran. Ja, man kann, in dem Moment kann der Anruf an dich ergehen. Gunnar Kaiser, so und so, jetzt bist du aufgerufen. So, ja, und dann nimmst du den Ruf an oder nimmst ihn nicht an. Und es ist ja auch eine wichtige existenzielle Grundfrage. Also ich habe den Menschen nicht aufgegeben und auch seine Erkenntnis nicht, wenn ich vieles nicht akzeptiere und nicht glaube, was die Naturwissenschaft uns hier vorsetzt. Und wenn ich viele Religionen auch für fragwürdig halte, trotzdem gibt es ein …, der Mensch hat die Würde des Erkennens. Er kann erkennen, ich würde sogar sagen, das schreibt auch, sagt auch Gandhi: Der Mensch ist angelegt auf Wahrheit. Er wäre gar nicht, wenn es nicht die Wahrheit gäbe, sagt er. Nicht?: *Truth* – , und dann: *God and the Law of the Universe*. Und darauf ist der Mensch angelegt. Und das macht ihn überhaupt aus, das macht überhaupt seine Menschlichkeit aus. Also das würde ich sagen. Was macht denn die Menschenwürde aus? Doch auch ganz wesentlich, dass sie verankert ist in dem metaphysischen Seinsgrund, der auch mit Erkenntnis zu tun hat. Der Mensch ist auch ein Erkennender und nicht nur ein Projizierender. Das ist eine Pseudoerkenntnis. Also der spiegelt nicht nur sich selbst, aber auch, er spiegelt auch sich selbst. Es gibt ein altes persisches Sprichwort, das heißt: Der Kosmos ist wie ein Spiegel. Und wenn ein Idiot in den Kosmos blickt, was soll da rauskommen? Oder [wenn] ein Starkstromtechniker in den Kosmos blickt, dann wird er das auch nur sehen. Also, der Kosmos blickt zurück. Ich sage ja oft, die Fernrohre werden ins Universum gehalten in der Annahme, da blickt nichts zurück. Das ist ein Es, ein Ding, eine Dingwelt. Das Subjekt ist lebendig – da draußen eine Dingwelt. Das glaube ich gar nicht. Ich glaube, da wird zurückgeblickt. Wir blicken und wir werden angeblickt und viel stärker, als wir glauben. Meine These ist sogar, wir leben auf offener Bühne, wir werden auf offener Bühne sozusagen angeblickt. Nur der Idiotismus der Erdbewohner ist so, dass er das alles gar nicht für möglich hält. Der hält sich irgendwie in seinem ganzen Wahn, glaubt, er ist sozusagen versteckt. Ja, meine Untaten sieht keiner. Oder, nein, der Mensch ist ... , wir leben sozusagen auf offener Bühne. Das ist meine These. Ja, eine steile These, ja. Wir leben auf offener Bühne, und wir sind sozusagen im Verbund ganz vieler Wesenheiten und belebter Gestirne, die uns auch beobachten und die uns bestimmt nicht wohlwollend betrachten, aber nicht in einem negativen Sinne, sondern irgendwie scheinen die Erdbewohner da eine Sonderrolle zu spielen, also sie leben ... , der Wahn ist so stark, dass er eigentlich alle Grenzen überschreitet. Ich habe in meinem Buch „Was die Erde will", um das noch kurz zu sagen, einmal einen Satz geprägt, geschrieben, auch halb zynisch. Wir leben ... , vor 22 Jahren oder 23 Jahren habe ich das geschrieben, wir erleben ein Großexperiment: Wie viele Geisteskranke brauchen wir, um den Planeten zu ruinieren? [Das] habe ich geschrieben vor 23 Jahren. Ja, das kommt mir heute ganz eigenartig vor. Wie viele Geisteskranke brauchen wir?

**GK:** Fünf oder sechs, habe ich das Gefühl.

**JK:** Ja, [wie viele] brauchen wir, um den Planeten zu ruinieren? Also. Ja. Also, finde ich schon. Wir leben, erleben ein Großexperiment, habe ich schon damals geschrieben. Wir sind in einem Großexperiment, und es ist schwierig dieses Experiment. Eigentlich haben wir das Experiment, haben wir schon ... , sind wir schon gescheitert? Ja, eigentlich ist es schon zu Ende. Aber doch nicht.

**GK:** Genau, es ist noch offen. Die Geschichte ist offen.

**JK:** Ja, richtig, es ist noch offen.

**GK:** Und der Wahn besteht darin, dass die Menschen das

nicht erkannt haben bisher, dass es dieses Experiment gibt, oder dass sie eben fern der Wahrheit leben. Und die Frage ist, ist dieser Wahn selbstgemacht? Es ist eine selbstverschuldete Unmündigkeit. Und wie kommt man da raus?

**JK:** Ja, sehr gut. Also, wie kommt man da raus? Okay. Selbstverschuldete Unmündigkeit, in gewisser Weise ja. In gewisser Weise ist es so. Natürlich haben es auch die Mächtigen, auch die Einflussreichen, der dürstenden Menge eingetrichtert. Und was kann man denen viel sagen? Ja, was kann ich denn machen? Ich meine, ich sehe das im Fernsehen, ich gucke mir die Videos an usw. Ihre Videos finde ich auch ganz interessant, aber letztlich, ob das nun wirklich stimmt oder so, auf jeden Fall – was sollen die Menschen denn machen? Ja, es ist ja auch alles selbstverschuldet. Da ist ja das Wort Schuld drin. Auch ein schwieriges Wort, religiös belastet. Ist es auch Schuld, wenn man nicht erkennt, ist es auch Schuld? Macht man sich schuldig, nicht zu erkennen? Oh, heikle Fragen, nicht, ja, aber es ist ein Stück weit ja auch so, dass man manches nicht sehen kann und nicht sehen will, weil man sich nicht darum bemüht. Aber manches mehr, manches geht auch gar nicht. Insofern ist es ein Verhängnis. Gunnar, ich würde auch sagen, es gibt epochale Verhängnisse. Es gibt Verblendungszusammenhänge, die sind Verhängnisse.

**GK:** Ein Schicksal.

**JK:** Ein Schicksal, ja, bitte, ja, ich würde das Wort auch benutzen. Ich benutze es selten. Aber ja, kann man machen. Es ist richtig, es ist ein Verhängnis. Wir leben auch in einem

Verhängniszusammenhang. Es ist etwas Furchtbares, auch in der Welt, was uns umgibt und durchdringt und mit dem wir uns auseinandersetzen müssen. Das erleben wir ja auch ständig. Es ist ein Verhängnis, aber irgendwie, auch ein dämonischer Faktor spielt hier mit, den man schwer greifen kann.

**GK:** Das ist das Weltbild einer griechischen Tragödie.

**JK:** Im Grunde ja.

**GK:** Und dann kommen wir da auch nur raus wie ein tragischer Held.

**JK:** Richtig, genau. Ja, ja, es ist irgendwie … , es hat die Wucht einer Tragödie. Es hat aber auch eine elementare, unglaubliche Wucht, in der das abrollt, nicht. Allein was wir erlebt haben seit Anfang 2020, ist ja nun auch unvorstellbar. Das hätte ich mir auch nicht träumen lassen. Also beim besten Willen nicht. Wie das so in dieser rasenden Schnelligkeit, mit dieser Wucht, mit dieser Vehemenz, mit dieser Brutalität, mit dieser Rapidität … und natürlich, sicherlich hat das alles eine Vorgeschichte. Das ist ja alles auch aufgearbeitet worden. Aber trotzdem hat es die Schnelligkeit, die ist atemberaubend. Aber die ganze Erdgeschichte, Gunnar, dazu neige ich häufig, ist auch eine verhängnisvolle Geschichte. Irgendetwas ist schief gelaufen, es gibt verschiedene falsche Weichenstellungen. Irgendwas ist fatal schief gelaufen in der Menschheitsgeschichte. Da sind Weichen gestellt worden, die waren einfach fatal. Man hat es nicht gesehen, man hat sich selber ruiniert. Also da haben alle mitgespielt. Deswegen ist ein Verhängnis in der Welt, auch ein Riss ist in der Welt.

**GK:** Ich sehe da einen gewissen Widerspruch, wenn du auf der einen Seite sagst, die Geschichte ist offen, und wir sind auf dieser offenen Weltbühne, und dann ist es aber fatal. Können wir da noch raus?

**JK:** Das Verhängnis ist kein Verhängnis, das uns absolut bestimmt. Dann wäre es ein Widerspruch. Nein, es ist eine …, wir haben das Potenzial, sozusagen uns selbst zu ergreifen und die Würde unserer eigenen kosmischen Existenz, geistig-kosmischen Existenz zu ergreifen. Und dann haben wir auch die Möglichkeit, jeder in seiner Weise, etwas dagegen zu tun. Das ist nicht eine mechanistische Vorstellung eines Fatums, was da jetzt abrollt.

**GK:** Nicht deterministisch …

**JK:** Ja, nicht deterministisch. Es gibt Freiheitsspielräume, und die müssen wir einfach nutzen. Und das versuche ich auch. Man sollte diese Freiheitsspielräume nutzen. Wir haben nicht …, wir müssen nicht wie gebannt, wie das Kaninchen auf die Schlange [sehen] und nun die Katastrophe anrollen sehen. Ja, dann kann ich mich gleich erschießen. Das will ich nicht, sondern ich sehe, dass da eine Katastrophe anrollt. Ich sehe auch, dass die Menschheitsgeschichte eine Katastrophe auch sein kann oder auch zum Teil ist. Aber es gibt für mich die Freiheit, und das ist die Würde auch der Freiheit, zu sagen, nein, was du ja auch [sagst], nein, das mache ich nicht, da mache ich nicht mit, da spiele ich nicht mit. Das halte ich für falsch. Egal, was andere sagen, ich sage einfach nein, das mache ich nicht, das halte ich für falsch. Und wenn ... , das kann ja auch Impulse aussenden, die dann tatsächlich andere ergreifen. Und dann gibt es eine Möglichkeit, diesen verhängnisvollen Lauf doch zu stoppen oder zu verlangsamen. [Das ist eigentlich] zu wenig dann, aber es wird wahrscheinlich ohne Teil-Apokalypsen, sage ich ja gerne, nicht abgehen. Ich glaube, es stehen uns noch ein paar Teil-Apokalypsen bevor, ehe es vielleicht dann einen Umschlagpunkt gibt, auch im systemischen Sinne, einen Umschlag [gibt], vielleicht. Also ich glaube daran. Ich glaube nicht daran, dass wir verloren sind. Ich glaube nicht daran, dass wir verloren sind. Wir sind noch nicht verloren. Und das lasse ich mir auch nicht ausreden.

**GK:** Ob jetzt das Wort von der Teil-Apokalypse ein optimistischer Ausklang ist oder eher ein pessimistischer?

**JK:** Ich wollte damit eigentlich nur sagen, ich will das gar nicht so, ich will sagen, es ist nicht einfach, wollte ich damit sagen. Ich wollte sagen, es ist kein Spaziergang. Ich wollte eigentlich nur das sagen, ich wollte nur sagen, es ist nicht „smooth", es ist nicht „soft". Es ist nicht einfach nur ein Spaziergang. Wir verdrehen verzückt die Augen, und es geschieht. Nein, das ist absurd und naiv. Es ist auch wahr. Hat doch was zu tun mit dem Einsatz der Persönlichkeit.

**GK:** Gut, ich versuche immer das Video, das Interview eben

entweder auf einem schönen Dur-Ton oder auf einer Disso-
nanz zu enden. Hier haben wir etwas dazwischen. Das passt
glaube ich auch sehr schön.

**JK:** Ja, ich glaube das. Aber ich denke, ich möchte trotzdem
den Akzent setzen, wenn ich das Schlusswort haben darf,
den Akzent setzen auf das Potenzial, die noch unausge-
schöpfte Erkenntnis und das existenzielle Potenzial des
Menschen, der wirklich Mensch ist. Daran glaube ich, und
darauf baue ich auch. So, Punkt! – Vielen Dank.

**GK:** Ja. Vielen Dank für das schöne Gespräch. Okay, Danke.
Das war's für heute bei kaisertv. Ich hoffe, es hat euch gefallen. Bis zum nächsten Mal. Macht's gut.

***

*„Solange ich nun jedoch meine eigenen Lebensentscheidungen nicht aktiv bejahen kann, ich meinem Leben keinen eigenen Sinn verleihen kann, sondern diesen stets zugeschrieben bekommen muss, wird mein Selbstwertgefühl, das somit von anderen abhängig ist, immer unsicher sein."*

Gunnar Kaiser – „Der Kult"

# Dem modernen Menschen fehlt der Sinn

Transkript des Gesprächs in Berlin
am 23.Okt. 2021

## Überblick

In diesem Gespräch diskutiert der Philosoph Jochen Kirchhoff den Zustand der Menschheit und die Suche nach Bedeutung in der modernen Welt. Er kritisiert die derzeitigen Lebensbedingungen und vergleicht sie mit einer Mischung aus Gefängnis und Jugendherberge. Kirchhoff bezieht sich auf das Konzept des „Homo sacer" des Philosophen Giorgio Agamben, die Idee, dass Menschen in der modernen Gesellschaft entweder als heilig oder entbehrlich behandelt werden können. Er stellt die Frage, ob der moderne Mensch an einem Sinnmangel leidet und ob es eine tiefere Sehnsucht nach Bedeutung gibt. Kirchhoff glaubt, dass viele Aspekte des modernen Lebens traditionelle Bedeutungsquellen entzogen haben, aber das menschliche Potenzial für Größe und Kreativität noch immer vorhanden ist. Er diskutiert die Beziehung zwischen Menschen und dem Kosmos und argumentiert, dass der Kosmos von Leben und Geheimnissen wimmelt und dass Menschen ihre eigene Natur oder die Natur des Universums noch nicht vollständig erfasst haben. Kirchhoff betont die Bedeutung der Anerkennung und Pflege des individuellen Selbst und der Suche nach Transzendenz in einer Welt, die diese Aspekte des menschlichen Daseins oft vernachlässigt oder ablehnt. Er glaubt, dass obwohl Wissenschaft und Philosophie ihren Platz haben, um die Welt zu verstehen, sie nicht das gesamte Bild liefern und nicht verwendet werden sollten, um das inhärente Mysterium und Potenzial der Menschheit zu mindern. Er lehnt reduktionistische Ansichten ab, die das Selbst leugnen oder auf bloße Wahrnehmungserfahrungen reduzieren. Kirchhoff erkennt die Komplexitäten des Verständnisses der menschlichen Existenz an und betont die Notwendigkeit fortwährender Erforschung und fortwährenden Nachdenkens.

\* \* \*

## Gunnar Kaiser und Jochen Kirchhoff im Gespräch

**GK:** Hallo und herzlich willkommen bei kaiser.tv. Wir sind in Berlin, und das Beste, was man hier derzeit bekommt an Unterkünften und an Absteigen, ist ungefähr so eine Art Mischung zwischen Gefängnis und Jugendherberge. Und Jochen Kirchhoff, mit dem ich heute spreche, sagt, na, das ist ja auch so ziemlich unsere Situation. Und darüber werden wir heute sprechen mit dem Philosophen Jochen Kirchhoff. Wir haben ja schon einige Gespräche miteinander geführt. An welchem Punkt stehen wir eigentlich? Jochen, schön, dass du da bist.

**JK:** Ja, Gunnar, ich freue mich, auch wieder mit dir zu reden. Du hast ja ein Zitat gebracht. Das heißt ja auf italienisch *a che puntu siamo?* von Giorgio Agamben. Im Frühjahr 2020 hat er die Frage gestellt und ganz früh, am 20. März 2020. Und er hat schon damals, ich kenne ja seine Texte von damals, schon faschistoide Tendenzen wahrgenommen. Muss man wissen, dass Giorgio Agamben ein hochinteressanter Philosoph ist. Den habe ich schon 2003 entdeckt, der sehr viele, sehr gute, tiefe Sachen sagt über das Mensch-Tier-Verhältnis. Von dem habe ich sehr, sehr viel gelernt. Also, ein sehr guter Mann, der einzige und erste erstmal, der überhaupt als Philosoph sich dazu geäußert hat. Die meisten haben ja geschwiegen. Ich habe auch erst im Juni dann angefangen, auch auf meinem Kanal in einem Video, dann auch da Stellung zu beziehen. Zunächst mal auch gezögert, nicht. Aber dann, dann bin ich ja auch eingestiegen. Aber anders, ja.

**GK:** Giorgio Agamben spricht ja schon sehr früh von dem *homo sacer*, von dem Menschen, der in der Moderne ausgedeutet wird als entweder ein heiliger Mensch oder jemand, den man nicht antasten kann, weil er entweder heilig ist oder weil er eigentlich tabu ist, weil er ausgestoßen werden kann. Das ist so seine Sicht auf den modernen Menschen, der ihn in der Ausgrenzungsgesellschaft jederzeit zur Verfügungsmasse werden kann. Ist das so dein Menschenbild auf den modernen Menschen auch?

**JK:** Ja, also das ist ganz schwierig. Ich meine, ich habe ein bestimmtes Menschenbild grundsätzlicher Art, das, sagen wir mal, von der Höhe des Menschen ausgeht. Paracelsus sagt: Nur die Höhe des Menschen ist der Mensch. Das würde ja bedeuten, dass der Mensch eigentlich eine Aufgabe ist, eine Bewusstseinsaufgabe, und der ist noch gar nicht Mensch. Das Gattungswesen Mensch ist eigentlich noch nicht der Mensch selber, der ist auf etwas anderes angelegt. Aber der Mensch heute, sagen wir der Massenmensch, ich meine das jetzt nicht elitär, der Massenmensch, der Mensch, wie er mehrheitlich die verschiedenen Nationen und diesen Erdball bevölkert, das ist noch was anderes. Ich muss gestehen, dass ich in diesen anderthalb Jahren zum Teil auch entsetzt war. Das hätte ich nicht für möglich gehalten. Übrigens auch was die Deutschen betrifft. Ich hatte doch immer noch irgendwie ein bestimmtes hohes Bild von den Deutschen. Bei allen Deformationen, die natürlich schon damals auch absehbar waren. Aber dass sie so einknicken würden und so devot und so selbstlos, in Anführungszeichen, im tiefsten Sinne selbstlos, ohne eigenes Selbst, das alles mitmachen würden, das hat mich doch geschockt. Das hätte ich nicht geglaubt. Das kann doch nicht wahr sein! Wir haben doch gute Köpfe im Land. Ist doch nicht ein ... , es ist doch nicht Ödnis. Und das fand ich. Also, was ist der Mensch? Der ist also eine ganz eigenartige, sich selbst aufgebende Figur. Was macht denn der Mensch, der, sagen wir mal, das alles bejaht? Der gibt sich doch ... in gewisser Weise in einer, sagen wir mal, auch als nihilistisch, materialistisch oder atomistisch gesehenen Welt hat er plötzlich einen Sinn. Es ist ein Sinn, die Maske als sinnstiftend. Ja, also wir haben diese Bedrohung, diese angebliche Bedrohung immer noch durch das Killervirus usw. und da ergibt sich sozusagen, das ist der Sinn hier, das Virus zu bekämpfen und in gewisser Weise den Tod selber.

**GK:** Ist das nicht das, was dem modernen Menschen fehlt, so ein Sinn? Etwas, worauf er jetzt all seine Bedeutung richten kann oder was ihm Bedeutung gibt? Und jetzt hat er es endlich.

**JK:** Er hat ja, er hat ja keinen Sinn. Das ist ja … , der Sinn ist eigentlich dem sogenannten modernen Menschen oder postmodernen Menschen komplett abhanden gekommen. Er hat ja gar nichts. Wenn man genau betrachtet, ist der moderne Mensch eigentlich vollkommen ausgeblasen. Das ist also, ich meine, das klingt jetzt arrogant, aber es ist wirklich so, der hat eigentlich überhaupt nichts, denn was soll er machen? Die Religionen sind alle dahin. Er hält sich dann fest, und das ist natürlich spürbar an den Naturwissenschaften, das ist klar. Und er hat irgendwelche verquasten Ideen in seinem Kopf, und das ist ganz merkwürdig, aber letztendlich, einen übergreifenden Sinn sieht er gar nicht. Da würde man ja sagen, na gut, es ist subjektiv, Herr Kirchhoff, Sie haben da diese andere Vorstellung. Aber letztendlich, wo soll der Sinn denn sein? Davon wurde ja viel gesprochen und den sieht man ja gar nicht. Und es ist ja auch materialistisch, und es ist auch im Grunde genommen nihilistisch, um noch mal diese Nietzsche-Formel zu verwenden. Ist ja ein bisschen unüblich, jetzt noch von Nihilist und Nihilismus zu sprechen, aber der Mensch ist irgendwie ein eigenartiges Wesen. In jedem

Gespräch merkt man das, wenn man mit sogenannten normalen Menschen redet. Wenn die so ihre ganz konkrete Aufgabe haben, sagen wir mal, der macht das, der macht das, der macht das. Es ist okay, wenn man darüber dann redet, aber wenn man darüber losgeht, wird es ganz merkwürdig. Als ob wir sozusagen „anything goes", auch postmodern, jeder kann alles sagen, keiner weiß doch sowieso irgendwas. So die Haltung, nicht. Alles ist doch sowieso ..., du glaubst das, du glaubst das, oder Sloterdijk sagt einmal: Jeder kann seine legitimen Falschmünzen unters Volk bringen, sagt er mit Bezug auf Heidegger. Also gut, legitime Falschmünzen. Aber hat der Mensch nicht doch ein ganz tiefes Verlangen nach Sinn? Und das ist ja gerade das Perfide oder das Deprimierende in der Krise, dass er jetzt im Maskendasein und in dem Kampf gegen diese Bedrohung irgendwie seinen Sinn sieht. Das nackte Leben zu retten, was ja ohne Metaphysik, ohne Transzendenz, ohne Anderswelt, wie auch immer, vollkommen weg ist, ist ja gar nichts mehr. Da ist ja die pure, die nackte Angst vor dem Nichts und die Angst vor dem Tod. Und das ist ja alles. Der Mensch ist ja so gequält damit, und da kann man den Menschen eben packen an der Stelle, da kannst du ihn packen an der Todesangst, und es geschieht ja auch, sieht man ja ganz deutlich, die Transzendenz ist einfach dahin. Das ist sozusagen die Corona-Religion, oder der Corona-Kult ist sozusagen ein Kult ohne Transzendenz, ohne Metaphysik. Es ist im Grunde Materialismus, und zwar plumpster Art, plumpster, dümmster Materialismus, der überhaupt denkbar ist. Das ist einfach gar nicht nachvollziehbar.

**GK:** Agamben nennt das das nackte Leben, [um] das nackte Leben soll [es] dann nur noch gehen. Aber noch mal zurück zu dem Menschenbild. Unterstellst du oder unterschiebst du da nicht gewisse Ideale, wenn du jetzt von dem Paracelsus-Wort da [sprichst], dieses Höhere, nach dem der Mensch vielleicht streben soll oder das der Mensch sein kann über das, was ich jetzt eigentlich [als] Realist oder real sehe? Ich sehe die Menschen so, wie du sie beschrieben hast. Die Dutzendmenschen, wie Hermann Hesse sie genannt hat, die ein legitimes Interesse an Leben und Überleben haben, an Sicherheit und vielleicht an ihrem kleinen Glück und man das so beschreiben müsste als okay, das ist der Mensch, so wie wir ihn sehen, da ist nichts dahinter, der hat keine Sehnsucht nach irgendeinem Sinn.

**JK:** Aber ist doch gut. Okay, kann man sagen, das ist der Mensch. Wenn es einige wenige Menschen gegeben hat, bei denen das anders war, waren die eben Ausnahmen, extreme Ausnahmen.

**GK:** Defekt.

**JK:** Ja gut, ja. Aber es gibt ja doch, wenn diese Menschen ... , ich sag mal so: Wenn diese Menschen möglich waren, wenn große schöpferische Leistungen möglich waren, dann sind sie im Prinzip für den Menschen möglich. Dann ist der Mensch ein Wesen, was auf so etwas angelegt ist. Und das macht ja eigentlich auch das Interessante am Menschen aus. Was interessiert einen denn am Menschen anderes in der Tiefe, als wenn er wirklich sich dem irgendwie stellt, wenn er schöpferisch ist? Wir freuen uns an großen Kunstwerken, wir freuen uns an der Musik usw. Das ist doch alles menschenmöglich. Wenn man das alles aufgibt, ja was, was soll das sein? Das kann nicht der Mensch sein. Das glaube ich nicht. Der ist doch anders angelegt. Dann muss man natürlich tiefer noch gehen: Woher stammt der Mensch? Was ist überhaupt der Mensch im kosmischen Zusammenhang? Da müssen wir noch tiefer dann gehen. Und ist die ganze Evolution darauf ausgerichtet, [auf] so eine Kümmerform des Menschen, der isst und trinkt und vorm Fernseher sitzt und seinen Urlaub plant? Ja, ich will mich darüber gar nicht erheben oder lustig machen. Die Menschen können ja so leben, wie sie wollen, aber letztendlich ist es doch traurig. Das ist doch … , ich bin da in diesem Sinne Idealist und habe da einfach die verrückte Hoffnung, dass das nicht alles sein kann. Ich glaube … , ich gebe den Menschen einfach nicht auf. Also wenn die Menschenwürde auch global überall mit Füßen zerstampft wird, gebe ich nicht auf den Menschen in seiner tiefsten Würde. Ich glaube einfach immer noch, seit Jahrzehnten eigentlich, an den kosmischen Anthropos, an den kosmischen Menschen, der in allem steckt. Der Mensch ist ein hohes Wesen. Nur als ein hohes Wesen sollten wir ihn betrachten, und das macht seine Würde aus. Was soll denn sonst die Menschenwürde sein? Natürlich gut, nicht geknechtet zu werden, nicht gequält zu werden, genug zu essen haben. Alles richtig. Aber das ist doch nicht wirklich der Mensch. Ich glaube aber auch, dass viele Menschen das auch ahnen. Es gibt so ein tiefes Ahnen in den Menschen, dass da noch mehr angelegt ist, finde ich.

**GK:** Das frage ich mich eigentlich seit dem letzten Jahr. Wo ist denn diese Sehnsucht, die jetzt da ausbrechen müsste eigentlich? Und meine Sicht darauf ist, oh, da habe ich mich wohl vertan in meiner Sicht auf die Menschen, wenn sie sich so schnell eben auch einhegen lassen und zufrieden sind mit ihren goldenen Ketten. Aber ich möchte noch mal auf deinen Begriff von diesem Ausnahmemenschen oder auch von dem Ideal zurückkommen, weil du sagst, das, was wir bei den Massenmenschen sehen, ist eine Kümmerform, und es könnte etwas sein, was dahin geht, was diese Ausnahmemenschen verkörpert haben. Wenn das denen möglich war, dann war es im Prinzip jedem, ja jedem möglich. Aber ist nicht das, was man als die Ausnahme nimmt, die Ausnahme, die zu erstreben ist, schon eine gewisse Deutung, die vielleicht auch kulturell schon vermittelt ist, vielleicht von einem gewissen Bildungsideal, Bildungsdünkel vielleicht sogar? Da nehme ich jetzt mal Mozart, oder ich nehme Leonardo da Vinci. Und wenn ich jetzt zum Beispiel … , eine Ausnahme ist auch Arnold Schwarzenegger oder Devon Larratt, der ist ein unglaublich toller Armwrestler, ja, dann müsste ich sagen, das ist auch in jedem angelegt.

**JK:** Im Prinzip ja. Natürlich kann man das sagen. Das ist kulturell bedingt, das ist der Großbürger, der Schöngeist Jochen Kirchhoff, der erzählt das so, weil er einfach sein von Kindesbeinen an kulturelles Gut in sich sozusagen versammelt hat. Aber das ist mir zu wenig. Das ist nicht nur kulturell bedingt. Da ist jetzt … , die Philosophie kommt da ins Spiel. Ich meine, die Philosophie kann was, ist ja letztlich auch orientiert, immer auf die Frage, was der Mensch ist. Also, und der Mensch, das ist ja vielleicht auch eine Sehnsucht, dass wir [als] Mensch unter Menschen sein dürfen, unter Menschen, unter richtigen, wahren Menschen sein dürfen, die ihre eigene Würde auch leben können. Das ist vielleicht, ist ja auch eine, man könnte ja sagen, es ist eine Fiktion oder ein Ideal oder eine Utopie. Aber ich bekenne mich dann gerne zu dieser Utopie, weil das hat für mich was Sinnstiftendes. Und da fühle ich mich zu Hause. Also ich sehe auch, das weißt du ja auch, ich sehe auch den Menschen auf dieser Erde eigentlich, den Erdenmensch, den Erdling, er ist ja überall, wir sind ja überall von Leben umgeben. Wir leben in einem lebendigen Kosmos, nach meiner Überzeugung. Überall ist belebtes Leben, das heißt: Alles ist lebendig. Die Erde ist ein ganz kleines Gestirn, was auch unter Beobachtung steht, sozusagen. Und der Erdenmensch glaubt sich alleine und guckt in die Leere des Alls, was ihm die Physiker und Astronomen so suggeriert haben, die ja auch letztlich Hypothesen oder Fiktionen [verbreiten], und [er] fühlt sich einsam. Aber da ist doch noch mehr. Das Ganze tost von Leben. Das ist also ... , ich kann da kein Argument aus der Tasche ziehen, um dem zu widersprechen, was du sagst. Gut, wer das zu mir sagt, da sage ich, okay, gut, dann sehe ich es mal so, aber der Punkt ist ja, was mache ich daraus? Letztlich ist für mich immer die Frage, was folgt daraus?

**GK:** Ist das nicht Wunschdenken? Also ich sehe, okay, wenn ich so denke, dann ist mein Leben entzaubert, dann ist da keine Magie mehr drin. Es hat keinen Sinn, keine Transzendenz. Ich kann es zwar nicht begründen, zumindest nicht naturwissenschaftlich, aber ich sehe, dass dieses rationale, oder sagen wir naturwissenschaftlich-reduktionistische Menschenbild mich zu einem ärmlicheren Leben führen würde. Also möchte ich einfach daran glauben.

JK: Ja, gut, das hört sich jetzt ganz plausibel an, also die Plausibilität dessen, was du sagst, ist ja ... , liegt ja auf der Hand. Das kann man so sagen. Das, gut, da kann ich auch im Grunde genommen ... , da würde ich jetzt entgegnen müssen, warum ich zum Beispiel bestimmte Überzeugungen der herrschenden Astronomie, Physik usw. für falsch halte. Was ich dagegen setzen kann, das kann ich tun. Dazu habe ich mich auch eingehend in Büchern und Essays und auf meinem Kanal geäußert. Das kann ich tun, und dann wird es wirklich auch rational, und dann wird es auch ... , kann ich auch wirklich argumentieren. Da kann ich zumindest auch [sagen], okay, Leute, so einfach ist es nicht. Und natürlich, so vordergründig betrachtet kann ich dem ... , und mache ich auch übrigens gar nicht, ich würde in einem normalen Gespräch, so unter Bekannten, niemals so was sagen überhaupt, ja. Ich würde ... , ich habe überhaupt kein Interesse daran, mich vor irgendwelchen Menschen da in dieser Richtung aufzuspielen oder so, sondern, wenn ich hier sozusagen ... , ich möchte gerne die Lanze für den Menschen brechen, wenn ich hier in der Öffentlichkeit bin, hier in so einem Video und auch in meinem eigenen Kanal oder in Büchern, wie immer, dann will ich das immer wieder sagen, weil, das hält mich einfach am Kochen, das hält mich einfach aufrecht, kann man sagen. Ich kann sonst nicht leben, gut, sonst kann ich einfach nicht existieren.

**GK:** Es ist eine Bedingung für deine Existenz als Philosoph, für dein …, so vielleicht ein würdiges Denken. Ich weiß nicht, ob man das so nennen kann.

**JK:** Sozusagen, ja, gut gesagt.

**GK:** Und was ich spannend finde ist, dass du es verknüpfst mit der Astronomie. Also ich frage nach dem Menschenbild und ob man das einfach so sagen muss, weil man es will. Der Mensch muss doch mehr sein. Ich wünsche mir das irgendwie …, oder ob man es begründen kann. Und das scheint mir jetzt so, dass du sagst, ich kann das auch begründen, aber da muss ich in die Astronomie gehen.

**JK:** Ja, da muss man in die Astronomie gehen, weil natürlich, dann muss man ganz kurz …, da muss man in den Kopernikanismus reingehen. Was ist geschehen durch Kopernikus? „Seit Kopernikus rollt der Mensch aus dem Zentrum ins X", sagt Nietzsche. Ja, dann, was passiert ist, dass man diese Öffnung, die es gegeben hat, die Entthronung des sinnlich-Physischen dadurch, einfach durch die Tatsache, dass die Dinge anders sind, als wir sie wahrnehmen. Das war ein richtiger Bruch der Grundwahrnehmung des Menschen. Und dieser Bruch hat einen tiefen Hintergrund. Die Dinge sind anders, als sie zu sein scheinen. Das heißt, Erscheinungswelt und reale Welt sind anders. Die Sonne usw. und die Erde, das alles ist ja bekannt. Aber da gab es eine große Herausforderung und der hatten sich die Physiker und auch die Philosophen zu stellen. Was folgt daraus? Was folgt daraus für den Menschen? Was folgt daraus für die Belebtheit eventuell des Universums? Was folgt daraus? Was treibt die Gestirne voran? Da würden ja viele sagen, na ja, die Physik weiß das. Sie wissen das gar nicht! Die Physik weiß überhaupt nichts über eine kausale Bewegungslehre. Das könnte ich hier weit ausführen, aber das würde jetzt einfach zu weit führen. Und was ist Gravitation? Was ist das Licht? All diese Fragen würden, werden neu gestellt, ganz fundamental neu und können neu philosophisch behandelt werden. Die Physik, Galilei, Newton usw. haben sich vollkommen auf die Mathematik geworfen, auf die Beschreibung der Phänomene, auf eine letztlich fiktive, sagen wir mal, Welt, indem man sagt: Was die Dinge in ihrem Wesen nach sind, sagt ja auch Galilei sehr prägnant, das können die Philosophen entscheiden. Das will ich ja gar nicht entscheiden. Ja, das wird delegiert an die Religion oder später an die Philosophie. Aber da ist es für mich entscheidend wichtig, was da delegiert wird, ist essenziell. Die Wesenhaftigkeit der Welt ist nicht einfach nur eine Fiktion, sondern die Dinge haben eine Wesenhaftigkeit. Man kann sie zwar mathematisch beschreiben, man kann sie formalistisch ganz genau beschreiben, aber man hat damit gar nichts erkannt. Es ist überhaupt keine Naturwissenschaft im engeren Sinne.

**GK:** Man kann das nicht aus der Erfahrung auch beschreiben?

**JK:** Nein, man kann die Erfahrung sehr präzise beschreiben, man kann Beobachtungen machen und mathematisieren. Man kann aber trotzdem nicht das Wesen erfassen. Was ist denn überhaupt Gravitation, zum Beispiel? Was ist das

Licht? Das Licht ist ja kein Objekt, zum Beispiel, es ist nie ein Objekt. Licht ist ja nur deswegen Licht, weil es gesehen wird. Das kann man gar nicht davon trennen. Licht als solches ist ja übrigens unsichtbar, bekanntlich, ist ja gar nicht sichtbar. Materie für sich ist auch unsichtbar. Nur im Wechselspiel von unsichtbarem Licht und unsichtbarer Materie entsteht dann überhaupt die sichtbare Welt. Also wenn du ein gleißendes Licht von der einen Seite auf eine Scheibe schickst und guckst von der Seite drauf, siehst du gar nichts, ist alles, bleibt alles schwarz. Aber wenn du einen Gegenstand da rein hältst, siehst du plötzlich das Licht. Also auch Licht ist ja ein absolutes Phänomen, ein kolossales Rätsel auch. Und da kann man sehr viel zu sagen. Also die Welt ist so spannend, so interessant, auch so mysteriös, dass es einfach beleidigend ist, wenn man … , wenn die Physiker und Astronomen meinen, sie hätten damit irgendwas erkannt. Von meiner Sicht aus gesehen, haben sie da gar nichts erkannt. Sie kennen … , wissen auch nicht, was der Mensch ist. Sie wissen auch nicht, auf welchem Gestirn sie leben. Sie wissen eigentlich gar nichts. Das sage ich ja immer wieder, auch die Neurophysiologen und die Biologen, was wissen Sie denn? Sie wissen auch nicht, wie das Leben entstanden ist und gar nichts in der Richtung. Die eigentlich entscheidenden Fragen, ich interessiere mich immer für diese Fragen, die ausgeklammert werden.

**GK:** Die übrig bleiben.

**JK:** Die übrig bleiben. Und das sind ja gar nicht mal so wenige Fragen. Es sind eine ganze Reihe von Fragen und an diesen Fragen arbeite ich mich seit Jahrzehnten ab.

**GK:** Auf den Menschen bezogen würde ich ja jetzt erst mal nicht den Physiker und Astronomen fragen, sondern vielleicht den Soziologen oder den Anthropologen. Und da würdest du sagen, er kann das Wesen des Menschen nicht erkennen, weil es ja nicht wissenschaftlich oder naturwissenschaftlich oder aus der Erfahrung her zu erkennen ist.

**JK:** Man kann natürlich viele Merkmale des Menschen dingfest machen. Das kann man. Der Soziologe kann eigentlich sagen, wie Gesellschaften funktionieren. Der Psychologe kann einiges sagen, wie der Mensch funktioniert. Der größte Psychologe, wer war das? Nietzsche war der größte Psychologe. Alle Aussagen der Psychologie finden sich eigentlich schon bei Nietzsche. Ja, also, man kann auch die Psychologie anwenden, das ist ja klar. Man kann alles Mögliche machen, man kann das additiv machen, alles das ist der Mensch. Aber im Innersten ist es immer noch das Rätsel, du, Gunnar Kaiser, als Person, als Individualität in deinem Ichsein, bist damit überhaupt nicht berührt.

**GK:** Aber komme ich zu diesem Innersten irgendwie? Oder ist das für uns für immer verschlossen?

**JK:** Ja, das ist die Frage. Also reduktionistisch, modern, postmodern, würde man ja sagen, da gibt es gar nichts. Auch die Transhumanisten oder auch die, die da auf dem Wege sind, nun den Menschen und [die] Maschine zu verschmelzen …, und da ist überhaupt nichts, das ist ja die Wissenschaft des

Abendlandes, und nun weltweit, [die] hat eigentlich das Innen gestrichen. Ich sage gerne: Der Mensch ist abgestürzt auf die Betondecke des puren Außen, und da geht er kaputt. Wenn man den Menschen nur als Außenwesen betrachtet, geht er kaputt, weil dann wird er zum Gegenstand. Ist auch ganz klar, weil du bist dein Gegenstand, ich bin für dich ein Gegenstand, dann ist es einfach ein Objekt. Aber da ist eben der Mensch in seiner Ichhaftigkeit. Allein das Ich, was einige Neurophysiologen sagen, es gibt es gar nicht, es ist nur rein cerebral, eine pure Behauptung. Ich wüsste nicht, dass jemals irgendwas bewiesen worden wäre. Ich kenne die Aussagen, habe die Schriften gelesen. Ich finde überhaupt keinen Beweis darin. Es bleibt immer noch ein großes Rätsel: Das Ichsein des Einzelnen. Gunnar Kaiser oder Jochen Kirchhoff – oder wer auch immer – ist ein großes Rätsel. Du erwachst zum Ich irgendwann in deinem Leben. Plötzlich geht da, bong, geht ein Licht auf, und dann bist du ein Ich und fragst wie, ja, du. Du nimmst dich doch sozusagen zur Kenntnis, und du musst dich zur Kenntnis nehmen. Du weißt ja gar nicht, wie das alles davor war. Du nimmst dich zur Kenntnis, du entdeckst dich als Ich und staunst über das alles. Aber das Ganze ist doch letztendlich auch ein Mysterium, wie der Kosmos, wie die Welt, überhaupt alles. Im Grunde genommen ist das alles ein großes Mysterium und ein großes Rätsel und hochinteressant, gerade in den Grenzbereichen, die die rationalistischen und reduktionistischen Denker, Denker in Anführungszeichen, denn meistens wird ja gar nicht gedacht, ausgeklammert haben. Ich sage nochmal, ich interessiere mich grundsätzlich für all diese Dinge, die eliminiert werden in dem modernen Denken. Ich finde es so schwachbrüstig und so erbärmlich, was wie so gedacht wird von den sogenannten Philosophen, so was von abgeschmackt und oberflächlich. Der einzige von denen, der wirklich mal wenigstens phänomenologisch sehr gut war, kürzlich verstorben, Hermann Schmitz, 93 Jahre alt geworden, der hat phänomenologisch, leibesphänomenologisch sehr viel erschlossen. Das ist wenigstens eine große Leistung in der Philosophie. Sonst sieht man da kaum was.

**GK:** Die Neurobiologie sagt: Es gibt kein Ich, oder das ist höchstens so ein Emergenzphänomen. Die Sprachphilosophen oder Ernst Mach zum Beispiel oder David Hume sagen: Das ist alles nur ein Bündel von Perzeptionen. Aber auch die Buddhisten sagen das doch.

**JK:** Das ist aber was anderes. Ja gut, das ist ja nun … , ja gut, ich kenne das auch, dass natürlich buddhistische Denker zum Teil sich kurzschließen mit den Neurophysiologen und auch mit der modernen Physik usw. Das ist meines Wissens ein Fehlschluss, denn die buddhistisch … , das buddhistische „non-atma" ist was anderes. Das ist ja dann die Frage. Ich meine im Buddhismus, da können wir jetzt lange darüber reden, da gibt es ja Reinkarnation. Buddha selber ist ja gefragt worden, wer war … , wer oder was reinkarniert sich eigentlich? Es gab ja schon zu Buddhas Zeiten Gegner, mit denen er diskutiert hat, die gesagt haben, das ist Nihilismus. Du sagst, es gibt kein Selbst. Ja bitte: Wer oder was reinkarniert sich dann eigentlich? Ist es eine Person oder eine Konfiguration von karmischen Strömen? Und da ist es ganz schwierig. So einfach ist es gar nicht. Das kann man nicht so ohne Weiteres zusammenbringen. Du sagst immer die Neurophysiologie. Es sind einzelne konkrete Personen. Das sind ganz konkrete Menschen in einer „scientific community", die sich geeinigt haben mehrheitlich auf diese Sachen. Es sind letztlich Menschen, die mit einem ungeheuren Ego versehen, diese Dinge noch in der Öffentlichkeit verbreiten, sozusagen, das quillt ihnen aus allen Knopflöchern, das Ego, das Selbstbewusstsein und die Gier nach Anerkennung usw. Und dann sagen sie, es gibt gar kein Ich.

**GK:** Das ist so eine Art performativer Widerspruch sozusagen. Du sagst, ich kann das ja nicht sagen, weil ich das ja sage. Und ich habe auch ein gewisses Interesse daran, dass ich dadurch groß dastehe durch diese Erkenntnis – es gibt gar kein Ich.

**JK:** Ja natürlich auch, um das klar zu sagen, ein Ich pur ist ja pathologisch. Ich ist immer wir und du, wir und du, immer. Das ist ja nun ganz klar, also. Aber, das Ich bleibt doch ein Rätsel. Und wer das Ich eliminiert, ich weiß nicht, ich bin, ich weiß, dass ich philosophisch der Einzige, glaube ich, bin weit und breit, der das so dezidiert sagt, dass das Ich eine metaphysische Qualität ist, die niemals reduktionistisch zu erfassen ist. Das ist eine Grundqualität des Menschen, ein großes Mysterium, das Ich-sein. Denn was ist denn das Ich? Da wird gerne so abstrakt geredet. Aber der Einzelne ist doch, der sitzt ja drin in seinem Ich, er ist da gar nicht rauszunehmen, und das ist seine Existenz. Und wenn man ihm die streitig macht, dann revoltiert alles in ihm. Und auch die, die die Ichlosigkeit propagieren von den Wissenschaftlern, sind ja auch Ich-Wesen und die abstraktesten Denker leben jede, jede Minimalität einer Sekunde leben sie in der großen gesamten Ordnung auch des kosmischen Wir. Da könnten Sie gar nichts anderes machen. Das heißt, das ist alles abstraktes Gerede, sie haben immer ein Basislager. Alle Gipfelstürmer haben dieses Basislager, und das Basislager kann man nicht verlassen. Und dann einigen sich Individuen untereinander, eine „scientific community", über bestimmte Dinge, und manches setzt sich durch, manches eben nicht. Das ist ja eben so, das ist ja ... , entsteht ja auch ganz im Wechselspiel der Diskussion. Ist ja nicht so, dass die bessere Theorie, die wahrere Theorie sich automatisch durchsetzt. Überhaupt nicht. Das ist ganz schwierig gewesen. Also oft genug gibt es da extreme Auseinandersetzungen, und oft ist es um Haaresbreite, ... die berühmte Allgemeine Relativitätstheorie von Einstein 1919, die berühmte Sonnenfinsternis. Ja, die ist nur deswegen, er ist nur deswegen so bekannt geworden, um Haaresbreite haben einige dann die Oberhand gehabt, die gesagt haben: Okay, es gibt wirklich diese Raumkrümmung, weil Lichtstrahlen krümmten sich in Schwerefeldern. Einstein hat fantastisch postuliert: Das ist eine Raumkrümmung. Ja und Edison hat das auch damals in England propagiert. Und dann hat die „New York Times" am 9. November, interessanterweise 1919, genau 70 Jahre vor dem berühmten Mauerfall, einen riesen Aufmacher gemacht, und so ist Einstein so populär geworden. Das ist ja nicht einfach so [passiert]. Und dann gibt es von einem bestimmten Punkt an, wenn ein bestimmter Bekanntheitsgrad erreicht ist, dann ist da kaum mehr was zu machen. Und das hat mich ja auch so verblüfft bei der ganzen Diskussion um

Corona usw.: Wenn eine bestimmte Majorität hergestellt ist und Autoritäten unterstützen das, dann sind Argumente null und nichtig, dann kann man gar nichts mehr sagen. Also das wissen wir ja von Corona. Man könnte ja sagen, das haben wir ja alles nun zigfach gesagt, alles ist doch eigentlich widerlegt. Also ich wüsste, alle entscheidenden Punkte sind klar widerlegt, so. Trotzdem nützt es nichts, es geschieht einfach nichts. Und dann sind wir natürlich bei der Frage: *a che punto siamo?* Ja, also was ist denn nun? Du sagst, ich favorisiere, mit Recht sagst du das ja, ein idealistisches Menschenbild. Die Realität spricht dem ja in gewisser Weise Hohn. In aller Welt knicken die Menschen ein.

**GK:** Das ist ja bei idealistischen Weltbildern meistens so, dass sie nicht mit Realität [zusammen]gehen.

**JK:** Ja, ich würde mich gar nicht als Idealist bezeichnen eigentlich. Ich würde ... , ich sehe mich da im Grunde genommen als Realist. Also ich bin eigentlich in dem Sinne gar kein Idealist, weil ich ja auch den Menschen in seiner Erbärmlichkeit, in seiner Mickrigkeit, in seiner Knotigkeit, in seiner Gemeinheit, in seiner Bösartigkeit und Dummheit und Dumpfheit ganz genau kenne.

**GK:** Aber als Kümmerform, du beschreibst es als das Menschliche.

**JK:** Aber der Mensch hat eben die Möglichkeit, auch dahin zu entgleisen. Die hat er eben.

**GK:** Droht es dann nicht, beliebig zu werden, wenn alles sozusagen in seiner Möglichkeit ist? Ist ja auch alles Mögliche, das Wesen des Menschen.

**JK:** Na ja, okay, dann muss man natürlich unterscheiden zwischen, sagen wir mal, zwischen dem Schöpferischen und dem Destruktiven. Also scheint es doch offenbar zu sein, dass es irgendwie antagonistische Kräfte gibt, das produktiv Aufbauende und das Zerstörerische, das Destruktive. Ich meine schon, es gibt ein zerstörerisches Potenzial, das einfach da ist, als eine … , im Raum sozusagen. Der Dämon oder die Dämonen im Raum, die in irgendeiner Form auch kontaktierbar sind, und darauf kann man auch so sagen … , die spielen mit, und das ist keine [Spinnerei] und viele dieser Science-Fiction-Filme oder Space Fiction, die behandeln dieses Thema ja auch, dass da andere noch mitspielen, die nicht gesehen werden, und das ist ein Drama, was sich im Unsichtbaren auch abspielt. Also der Mensch hat die Möglichkeit zur Bestie zu werden.

**GK:** Also du würdest sagen, da wo die destruktiven Tendenzen im Menschen ausgelebt werden oder zum Tragen kommen, da ist es nicht im Sinne seines Wesens.

**JK:** Ja, nicht im Sinne dessen, was in ihm eigentlich angelegt ist.

**GK:** So, du hast Nietzsche eben genannt. Nietzsche ist auch der große Zerstörer. Oder nehmen wir Kant. Das sind auch Zerstörer.

**JK:** Ja, aber ich habe ja eine andere Sicht auf Nietzsche. Ich kenne den Nietzsche nun sehr gut, habe alles gelesen, und der Nietzsche ist eben nicht nur der Zerstörer. Es gibt eben ganz andere Facetten noch bei Nietzsche, die anders sind. Übrigens bei Kant auch. Nicht umsonst konnte die idealistische Philosophie, [an] Schelling vor allen Dingen, auch an Kant anknüpfen oder Schopenhauer, das ist richtig. Aber letztlich, ich meine, vertiefteres Denken müsste auf den Punkt kommen, dass im Menschen mehr angelegt ist als das Physisch-Sinnliche und dass der Mensch auf irgendetwas ausgerichtet ist. Es gibt also ein Telos, es gibt eine Teleologie, ein Telos, ein Logos, also nicht als Theologie, sondern Teleologie, auf ein Telos, ein Ziel ausgerichtet, und dass da irgendwas mit dem Menschen beabsichtigt ist. Der Mensch, überall, wo Leben möglich ist, wird irgendwann auch ein Mensch, vielleicht nicht in dem unseren irdischen Sinne, ein Mensch entstehen. Der Mensch ist überall als Möglichkeit angelegt. Der Mensch ist in diesem Sinne auch ein wunderbares Wesen, aber er ist umtost auch von anderen Energien. Da ist auch die Bewährung. Da kommt dann die ganze Frage gut – böse, eine heikle Frage, sehr heikle Frage. [Dazu] können wir noch mal ein eigenes Video machen. Die Frage gut – böse überhaupt, die kommt da ins Spiel. Es gibt offenbar dann doch die Möglichkeit, sich so oder so zu entscheiden. Da kommt die Entscheidungsfreiheit. Der Mensch ist vielleicht in vielen Punkten gar nicht frei, aber er ist in gewisser Weise ... hat er eine Entscheidungsfreiheit. Er kann sagen: Das will ich, das will ich nicht. Und manchmal sieht man nicht voraus, was sich daraus entwickelt. Es gibt eine kleine Entscheidung – und plötzlich wird es zum Desaster. Zwischen Menschen ist ja genauso. Eine Ehe kann scheitern durch einen Satz oder durch zwei Sätze. Also, um es mal übertrieben zu sagen, das hat oft eine Eigendynamik. Das ist aber so geballt im Menschen, überall sind Energiefelder, auch wenn wir beide hier sprechen, ein Energiefeld oder auch überhaupt hier in diesem Raum und überhaupt überall sind Energiefelder, die nicht sichtbar sind, und die schwingen immer mit.

**GK:** Dann möchte ich dein Beispiel von der Willensfreiheit noch mal nehmen. Das ist ja sehr ähnlich, wenn man dem Menschen auch mit naturwissenschaftlichen Methoden die Willensfreiheit abspricht – du bist einfach nur ein Glied in so einer Kausalkette – , dann rebelliert etwas in ihm. Ich fühle mich aber doch frei, und ich will ja auch frei sein. Und was ist mit meiner Würde und Autonomie? Und dann kommt vielleicht ein Jochen Kirchhoff und sagt, ja, das ist es, er muss einfach frei sein, weil was wäre er denn dann ohne [Freiheit]?

**JK:** Ja, nun, das ist so einfach. Okay, das habe ich gesagt. Das ist richtig. Aber es ist natürlich diese Willensfreiheit, da habe ich auch mal ein eigenes Video gemacht, das ist natürlich noch viel schwieriger, nicht. Da ist ja auch die Frage der Schuld und der Verantwortung. Die spielt ja da genau [hinein]. Also was ist denn der Anthropos? Ist er auch … , ist er schuldfähig? Ist er in der Verantwortung? Und wenn man davon ausgeht, dass der Mensch frei ist, dann kann er zur Verantwortung gezogen werden. Wenn er sowieso nicht frei ist, kann man ihn auch nicht zur Verantwortung ziehen. Man kann … , also die Juristerei letztlich … , irgendwie geht man davon aus, der Mensch begeht eine Untat. Er hätte es nicht tun müssen. Man kann ihm dann mildernde Umstände zusprechen, weil er hat eine schwierige Kindheit gehabt, oder sein Vater hat ihn ständig verprügelt usw. Das kann man sagen, aber letztendlich setzt die Schuldfähigkeit ein gewisses Maß an Freiheit voraus. Und ganz radikal macht das ja Kant schon, aber dann auch Schelling oder Schopenhauer auch, die ja sagen: Du hättest ein anderer sein können, als du bist. Das heißt, die Entscheidung für dich in deinem Ich-sein ist viel tiefer. Die ist dahinter noch. Da würde natürlich der moderne, reduktionistisch orientierte Mensch also [sagen]: So ein Blödsinn, was soll das denn sein? Was soll dahinter sein? Ja, aber da ist etwas anderes dahinter, in dem Sinne, was dann auch das, was du tust, in irgendeiner Form in einen größeren Zusammenhang bringt. Schopenhauer sagt ja immer, sagt ja zum Beispiel, dass *operari*, das Handeln ist gar nicht die Freiheit, sondern das *esse*, dein Sein, ist die Freiheit. Das heißt, wie du bist, hättest du nicht sein müssen. Da gibt es einen Ursetzungsakt sozusagen transzendenter Art. Dieser Setzungsakt macht dich zu dem, der du bist und Schopenhauer sagt, du bleibst dann auch so, du bleibst auf dieser Bahn.

**GK:** Also macht dich dazu, also nicht ich?

**JK:** Doch, du machst dich dazu.

**GK:** Wer hat das denn gesetzt?

**JK:** Ja, in gewisser Weise spielst du mit. Das ist natürlich rational-logisch, mit der aristotelischen Logik nicht zu greifen, auch mit Quantenlogik nicht zu greifen. Die Frage ist ja: Bist du Mitspieler? Und ich sage oftmals auch in meinen Videos: Es gibt ein bestimmtes Skript, das du lebst. Du hast immer das Gefühl, du lebst ein Skript. So, das hat jeder, das kennen viele Menschen. Okay, irgendwie kommt mir das so bekannt vor, ich ahne schon was kommt oder so, okay, wer ist der Autor dieses Skriptes? Du kannst natürlich sagen, das ist irgendein anderer. Du musst ein Skript leben, was ein anderer geschrieben hat. Okay, dann wäre ja deine Freiheit sowieso dahin. Aber man hat doch das Gefühl, wenn die Freiheit real sein soll, dass du in irgendeiner Form an diesem Skript mitgeschrieben [hast], weil irgendwie hast du mitgewirkt daran. Du warst vielleicht nur der Berater, du warst vielleicht nur der Lektor. Du hast vielleicht Kleinigkeiten geändert, aber man hat manchmal doch das Gefühl, da ist was anderes. „Die transzendente Spekulation über die anscheinende Absichtlichkeit im Schicksal des Einzelnen", nennt das Schopenhauer, er nennt es eine transzendente Spekulation. Jeder hat doch manchmal das Gefühl, ich ganz oft, das ist doch alles irgendwie ganz folgerichtig. Das habe ich doch nicht gemacht, das ist doch ... , habe ich doch nicht gemacht. Die Bücher, die mir zukommen, die Menschen, die ich kennenlerne, das ist doch nicht ... , habe ich mir doch nicht ausgedacht, sondern das hat sich so gefügt, weil was anderes sozusagen dahinter steckt. Vielleicht etwas, was ich selber mitbestimmt habe. Ich habe einen Roman geschrieben. Du hast einen anderen Roman geschrieben, und diesen Roman lebe ich jetzt.

**GK:** Aber das ist immer im Rückblick, dass man [das] so sieht. Auch, wer hat denn da eigentlich gehandelt? Im Moment selber empfindet man sich doch selber als das.

**JK:** Aber es gibt ja genauso gut die berühmten, ja nicht ernsthaft zu leugnenden Gründe, nicht ernsthaft zu leugnen, habe ich auch in der „Anderswelt" dargestellt: Präkognition. Ich habe wirklich unfassbare Dinge präkognitiv [erkannt], das glaubt man gar nicht. Wenn ich das erzähle, glaubt mir das keiner.

**GK:** Was heißt das genau?

**JK:** Ja, genau. Präkognition ist … , du siehst etwas, was erst kommen wird in der Zukunft. Ich habe in einer bestimmten Situation, werde ich nie vergessen, habe ich auf meiner Couch gesessen und habe auf meinen Schreibtisch geguckt. Und dann habe ich gewusst, was da für Bücher liegen. Und ich habe ein Buch auch erkannt. Eins konnte ich sehen, da es in einem bestimmten Winkel zu sehen war. Auch das Cover konnte ich sehen. Und dann habe ich, als ich dann mein Buch „Räume, Dimensionen, Weltmodelle – Impulse für eine andere Naturwissenschaft", da waren zwei Jahre vergangen, plötzlich, das habe ich doch gesehen, genau das Buch habe ich doch gesehen.

**GK:** Und du nimmst das als Hinweis darauf, dass du selber der Autor dieses Weges bist?

**JK:** Vielleicht, nicht unbedingt ist das ein Beleg dafür, dass ich der Autor bin, aber dass doch die Zukunft irgendwie mitspielt. Die Zukunft spielt immer mit, ohne dass du es abgreifen kannst. Ich habe ja in meinem Buch „Die Anderswelt" die Zeitreise aufgegriffen und meines Wissens, ich habe das vielleicht verrückte Selbstbewusstsein, ich habe sie widerlegt. Zeitreise habe ich, glaube ich, widerlegt zu haben. Gut, okay, aber dass da die Zukunft ..., trotzdem spielt sie mit, auch deine eigene Zukunft spielt da mit.

**GK:** Aber das macht dich noch viel weniger frei.

**JK:** Ja, aber du weißt ja gar nicht, wer dieses Telos ..., du hast an diesem Telos mitgearbeitet und deine lange Geschichte hat das Telos mitgewirkt, mitgestrickt. Du hast mitgestrickt am Gunnar Kaiser, der du jetzt bist. Und sicherlich hast du ..., gibt es immer wieder entscheidungsschwierige Entscheidungssituationen, wo du im Moment tatsächlich ..., da kannst dich auch anders entscheiden. Aber du ..., aber dein Telos scheint irgendwie angelegt zu sein. Also das ist ..., da kommt man, Gunnar, da kommt man in einen Grenzbereich rein, der ist ..., Schelling nennt das das Unvordenkliche. Da ist ein Grenzbereich. Du kommst übrigens an allen entscheidenden Punkten der Existenz, kommst du immer an einen Grenzbereich. Überall türmen sich dann irrationale, wenn man so will, Dinge auf, die nicht restlos abgreifbar sind. Endlichkeit, Unendlichkeit usw. oder in Raum und Zeit usw. usw. Alle wichtigen Fragen münden letztlich auch in ein Mysterium hinein. Und da sind wir eingeengt. Das ist eigentlich das Leben. Der Rest ist einfach eine Konstruktion.

**GK:** Aber das Wort Mysterium ... , du hast jetzt auch Mysterium gesagt, das hast du jetzt ja schon öfter erwähnt.

**JK:** Vielleicht zu oft. Ich nehm's zurück.

**GK:** Naja, weil es scheint mir erstmal so etwas wie eine Wand, wo man sagt, es ist einfach rätselhaft. Man kann da nicht dahinter [schauen], man kann das nicht hintergehen, sozusagen. Vielleicht war es doch so ein bisschen wie Platon, der sagt, diese Ideen sind wirklich nur zu schauen durch eine Art dialektische Bewegung des Geistes. [Das] ist schon über der Vernunft, und da kommen auch die normalen Menschen gar nicht hin.

**JK:** Aber Platon ist ja noch anders. Das ist jetzt beeinflusst durch Sokrates. Aber er ist noch anders, als er wirklich der Auffassung war, dass sozusagen, er postuliert ja eine Art Ideenwelt, wo du selber dein eigenes Schicksal bestimmst, auch deine eigene Inkarnation mitbestimmst, ja, bei Platon.

**GK:** Okay, aber Zugang zu den Ideen hat ja nur der Weise – und wenn man jetzt vom Mysterium spricht in der Mystik – derjenige, der die Vernunft sein lässt, die Augen schließt und das rationale Denken ausblendet und dann auf einem anderen Weg dahin kommt. Ist das das, was du, wo du hingehen willst, dass du sagst, also, das kann man nicht rational begreifen, was der Mensch ist, das muss man schauen.

**JK:** Das muss man in gewisser Weise schauen. Obwohl ich, das weißt du auch, du kennst mich ja ein bisschen, denke ich mal, ich natürlich die Rationalität nicht einfach an den Nagel hänge, denn ich argumentiere ja auch als Philosoph vernunftmäßig. Es ist ja immer ... , hat ja auch mit Vernunft zu tun. Und viele Dinge, die ich in meinen Büchern schreibe und auch sonst sage, haben ja auch eine eigene Konsistenz, auch vernünftig-rational. Ich kann auch mithalten. Also das ist ja nicht so, dass ich ins Mystische fliehe. Und das Wort Mysterium muss man jetzt nicht zu Tode reiten. Das will ich auch jetzt nicht so oft sagen. Ich will nur einfach sagen, dass wir in einer Welt leben, die sich in der Tiefe rational nicht erfassen lässt. Aber viele Phänomene lassen sich erfassen, und es ist wichtig, an diese Grenzen heranzugehen und nicht zu früh sozusagen das Mysterium heraufzubeschwören. Ich finde das schon wichtig, dass man das Rationale ausdifferenziert. Das kann ich auch. Ich finde, dass das ... , das gehört zur Philosophie, das Rationale tatsächlich auch bis zu einer gewissen Grenze zu treiben. Und das muss man auch können. Wer das gar nicht kann, der [betreibt] keine Philosophie. Dann ist es Mystik, oder dann ist es einfach in diesem etwas einseitigen Sinne Esoterik oder so. Das ist mir zu wenig. Also das Rationale muss man bedienen können als Philosoph und muss es zur Verfügung haben. Und trotzdem muss man sich immer bewusst sein, dass das Grenzen sind. Und man kann aber auch die Grenzen, vorsichtig sozusagen, hypothetisch, argumentativ sozusagen, überschreiten oder zeigen, hier sind Öffnungen, die sind möglich.

**GK:** Sprachlich?

**JK:** Sprachlich, kann man!

**GK:** Wittgensteins berühmter Satz „Die Grenzen meiner Sprache sind die Grenzen meiner Welt". Aber noch, ja eigentlich, „Worüber man nicht sprechen kann, darüber muss man schweigen". Und dann ist das nicht mehr das Feld des diskursiven Philosophierens.

**JK:** Nein, es ist dann auch mehr. Gut, Wittgenstein hat alle möglichen Sachen gesagt. Ich verstehe immer gar nicht, warum Wittgenstein überhaupt so rezipiert und als so wichtig angesehen wird. Ich kann darin jetzt so das nicht erkennen, aber okay, es ist richtig. Also trotzdem, ich meine die Rationalität, daran halte ich fest, übrigens auch in der Corona-Krise. Ich analysiere das auch sehr konkret alles und gucke und versuche argumentativ aber trotzdem dagegen vorzugehen. Muss man auch. Die Argumente müssen sein, sonst ist man ja was ..., sonst faselt man, sonst stammelt man. Ich will nicht faseln und nicht stammeln, aber ich will trotzdem den Blick mir nie sozusagen kaputt machen lassen auf das Geheimnisvolle, auf das Aurische oder das Auratische, ohne dass ich nun der Auraseher bin und irgendwie hier so in esoterisches Fahrwasser, in diesem platten Sinne, mich hinein begebe. Aber letztlich ist natürlich auch für einen Philosophen wichtig eine gewisse Schau, ein Schauerlebnis, auch transpersonale Erfahrung. Die muss man auch ..., die ist gut, wenn man die hat, weil die einem auch helfen [kann], etwas einzuordnen. Die machen in gewisser Weise auch demütig. Also es gibt schon auch transpersonale Erfahrung, auch in meinem Leben, die ich auch hatte, die mir da tatsächlich auch vieles gezeigt haben, was die Ratio nicht zeigen kann. Aber da bin ich nun sehr vorsichtig und zurückhaltend, in der Öffentlichkeit sowas zu sagen, ja.

**GK:** Aber der Begriff der Würde, die Würde des Menschen, der vielleicht jetzt hier auch so noch unsichtbar in der Mitte unseres Gesprächs auch irgendwo ist. Ist das so ein auratischer Begriff, den man vielleicht sogar nur durch transpersonale Erfahrungen irgendwie ... , dem man sich nähern kann, weil er ... , sonst kann ja jeder Naturwissenschaftler sagen, der Mensch ist nur ein Zellhaufen, das ist nur Materie. Wo soll da eine Würde, wo soll da eine Seele sein auch?

**JK:** Ja, richtig, kann man sagen. Also ich meine, ich bin übrigens auch, ich bin da gar nicht diskussionsfreudig an dieser Stelle, weil ich habe mich da in den Jahren so abgearbeitet mit Diskussionen bis zum Abwinken. Ich mache das gar nicht mehr.

**GK:** Okay. Diskussion über die Würde des Menschen?

**JK:** Ja, solche Themen. Ja, natürlich kann man das. Die Würde des Menschen, das ist die Würde des Menschen, die jetzt auch ja grundgesetzlich verankert ist, die unantastbar sein soll oder ist. Man sieht ja, dass sie ganz schön angetastet wird mit plumpen, groben, plumpen Fingern, brutal eigentlich. Aber was ist diese Würde? Die wird da nicht definiert. Aber die Würde ist natürlich auch etwas Metaphysisches. Wenn ich das Metaphysische aus der Würde ganz rausnehme, bleibt eigentlich wenig. Die würde ich auch einem Tier zubilligen, auch einem Tier, auch einer Pflanze. Es gibt das ... , Gunnar, das ist die Innenseite der Dinge. Wir kennen die Außenseite der Dinge, die können wir bis zum Abwinken beschreiben und mathematisieren und maschinell behandeln. Aber da ist ja [auch] die Innenseite. Die Welt hat ein Außen und ein Innen. Und das muss man immer mitdenken. Und der Philosoph, wenn er überhaupt noch eine Aufgabe hat ... , ich finde es wichtig, was hat der Philosoph heute [zu leisten]? Er muss das Innen und das Außen, in irgendeiner Weise, beides denken. Er muss beides denken. Dann hat er noch eine Aufgabe. Du interessierst dich doch auch für die Frage, was soll Philosophie eigentlich heute noch? Ja, aber ich meine, ich versuche es zu zeigen, dass das geht. Also ich versuche zu zeigen, ich sage mal, auch die Würde der Philosophie [zu verteidigen]. Ich werde mal jetzt ein bisschen pathetisch. Ich bitte um Verzeihung. Ich meine es nicht megalomanisch, einfach nur, ich will auch die Würde des Denkens gerne hochhalten. Das Denken ist eine würdevolle Tätigkeit. Und zur Menschenwürde gehört auch, dass er denken kann, dass er erkennen kann, dass er das in Sprache kleiden kann. Das alles, das gehört für mich zur Würde des Menschen. Und das möchte ich auf keinen Fall platt gemacht wissen, auch nicht durch ein verschwommenes, mystisches Gefühl. Da bin ich dann eher plötzlich ganz zurückhaltend, wenn mir da einer zu stark damit kommt. Also ich versuche ja immer so einen gewissen mittleren Weg – ist das vielleicht schon herausgekommen? – , einen mittleren Weg. Sehr schnell kommt man mit spirituell aufgemischten Menschen [in Widerstreit], oder die meinen, sie wüssten irgendwas spirituell. Das ist ja alles rational, habe ich oft gehört. Das ist alles so rational, was du sagst. Das ist doch gar nicht das, worum es geht und umgekehrt wird das, wenn ich dann die Rationalität in bestimmter Weise weiter vorantreibe und anders anklingen lasse, da heißt es ja, das ist doch, das ist doch reine Esoterik, das ist doch Esoterik. Ich versuche ja genau, Buddha nennt es auch den mittleren Weg, ich versuche ja auch diesen mittleren Weg zu gehen. Also zwischen diesen beiden Polen. Hätte ich beide Pole, [das] halte ich für falsch. Das sind zwei Falschmünzer auch, das sind zwei Falschmünzer. Das ist nicht der Punkt, sondern man muss ... , es ist eine Gratwanderung. Ich glaube, die Philosophie in diesem Sinne, wie ich sie verstehe, ist wie ein Weg auf des Messers Schneide, ist eine Gratwanderung. Du kannst in die eine oder andere [Richtung], überall sind Abgründe, du kannst rechts und links runterstürzen, und wenn du das schaffst, wenigstens im Ansatz schaffst, dann hast du auch ein Stück Würde des Denkens erreicht, finde ich. Tut mir leid, dass ich das jetzt nochmal betone.

**GK:** Lass uns bei dem Begriff „Würde" ruhig noch mal bleiben. Ich möchte gerne von dir wissen, ob der diskursiv erkennbar, verhandelbar, begreifbar ist. Anders als bloß eben nur ein auratisches Mysterium, oder dass man irgendwie, durch transpersonale Erfahrungen vielleicht, sich dem nähern kann. Und anders als nur so etwas von ... , ich finde das gut, so wie wenn du sagst, die Würde des Denkens, eines Tieres. Eine Pflanze hat Würde, ich finde Pflanzen gut. So, was ist Würde, rational beschrieben?

**JK:** Das kann man ganz schwer rational beschreiben. Ich würde erst mal auf der elementarsten Ebene sagen, ich zitiere noch mal gerne Gandhi, Gandhi sagte: Wenn du den Menschen, die Hunger haben, von Gott redest, was wird der Gott sein, dass sie sich satt essen können? Ganz elementar. Wenn du den Menschen von Gott redest, die Hunger haben, dann ist das erste, was du tun solltest und auch wenn du es kannst, die Menschen satt machen; das heißt all das, die elementaren Grundbedürfnisse des Menschen. Wenn die einem anderen Menschen streitig gemacht werden, dann verletzen sie elementar seine Würde. Und da muss er kein Denker sein, da muss er kein Philosoph sein, da muss er auch kein Heiliger sein, wie auch immer. Dann ist das eine elementare Verletzung der Menschenwürde. Und was heute geschieht, das habe ich auch in einem Essay geschrieben: Corona oder die verlorene Menschenwürde, das ist für mich dann auch … , das ist einfach nicht menschenwürdig, das ist einfach … , auch hier die Segregation usw., die jetzt passiert mit Impfen – Geimpften und Ungeimpften. Es ist einfach … , das ist monströs. Das ist nicht nur gegen das Grundgesetz, das ist einfach gegen jede Menschenwürde, das kann man nicht machen, das darf man auch nicht machen. Dagegen ist Widerstand angesagt, auf jeden Fall. Also das kann, darf nicht sein. Und da fängt es an. Natürlich ist es dann das Ganze, muss aufgebaut werden, denn du kannst den Menschen nicht etwas nehmen so elementar, weil es geht jedem so. Dann willst du, dass wenn du keine Liebe kennst und hast zum ersten Mal im Leben die Liebe, dann springst du darauf, dann glaubst du, das ist das Ganze, und dann begreifst du erst allmählich, dass es nicht das Ganze sein kann. Das ist immer dann so, weil das alles zusammengehört. Also die Würde kann man … , das ist das Sein des Menschen, dass er erstmal so okay ist, wie er ist, nicht. Ich will ja nicht den anderen ummodeln. Ich will ja nicht sagen, Mensch, du bist einfach ein Armseliger, du bist so was von armselig, mit dir rede ich gar nicht. Darum geht es doch überhaupt auch gar nicht.

**GK:** Aber dann verstehe ich nicht deinen Ansatzpunkt, dass dein Menschenbild so ein idealistisches ist. Und du sagst, bestimmte Formen des Menschen sind Kümmerformen. Wenn man gleichzeitig sagt, aber jeder ...

**JK:** Okay, zur höchsten Würde des Menschen gehört, dass er bestimmte, auch schöpferische Leistungen vollbringen kann, dass er überhaupt im vielfältigen Sinne schöpferisch tätig sein kann. Das kann auch im Sozialen sein, dass also ..., für mich ist immer Gandhi ein großes Beispiel, den ich sehr bewundere, der das ja versucht hat zu verbinden. Politik als *moksha*, als Suche nach *moksha*, *see God face-to-face* und Wahrheit als *The Law of the Universe*. Also das finde ich großartig. Also ich meine jetzt nicht, das muss ein Mozart sein oder Franz Schubert sein oder auch Bach sein.

**GK:** Aber schöpferisch muss es sein.

**JK:** Ja, es gehört in irgendeiner Form zum Menschen, das Schöpferische, und das ist ja auch ..., der heutige Mensch kennt das Schöpferische eigentlich nur als Technik. Da sind die, ich muss sagen, ich rede mal jetzt extraterrestrisch, diese Erdbewohner sind da richtig gut, in der Technik sind sie fantastisch, da sind sie umwerfend. Aber das ist doch das Einzige, wo sie richtig gut sind. Das können sie also, da bin ich manchmal baff, dass sie das können, ja. Und das ist auch die Gefahr darin, dass sie dabei haften bleiben, und dann genau die Innenseite, da sind wir bei dem Punkt der Innenseite, vollkommen eliminieren, siehe im Transhumanismus. Was heißt ja das? Was willst du denn mit deinem Ich machen? Das können wir ganz anders machen. Wir pflanzen dir einen Chip ein, und dann denkst du Gedanken, die wir da einpflanzen, und dann ist ... , wo ist denn [dann] dein Ich? Ja, aber du bist zufrieden.

**GK:** Ist das eine schöpferische Leistung, diese technische?

**JK:** Ja, es ist in gewisser Weise auch ... , es ist eine Leistung. Aber ich habe ja vorhin von den Folgen geredet. Aber in der Folge, in der letzten Konsequenz ist es desaströs, weil genau die Maschine, die jetzt läuft, genau in diese Richtung den Menschen vollends zum Anhang der Maschine macht. Das sieht man nun deutlich. Da können wir sagen, das ist übertrieben, dazu kommt es gar nicht. Aber es ist eine Tendenz, die ist bedrohlich nahe gerückt, dass man den Menschen tatsächlich [damit bedroht]. Elon Musk ist da ein grausiges Beispiel. Der Elon Musk ist nun wirklich eine Schlüsselfigur. Der ist geradezu wie ausgedacht. Der ist wie von Dürrenmatt erfunden, ja, wie aus Dürrenmatts „Physikern" ist der erfunden. Der kann ja machen, was er will, der kann so sagen, der PCR-Test interessiert mich gar nicht, sowieso alles Quatsch mit Corona, kann der sich erlauben zu sagen, weil er noch ganz andere Dinge macht, tausende von Satelliten um die Erde jagt usw. Aber der will ja [eben] auch den Menschen umbauen. Der Mensch ist unzulänglich, der muss einfach ... , das muss neu gebaut werden, das muss man einfach nach-bauen und zwar besser. Der Mensch spielt Gott, Harari, „Homo Deus", und der baut die Menschen, die Welt um.

**GK:** Aber das ist doch [so], also der Mensch hat seine Würde in seiner Schöpferkraft, wenn er schöpferisch [ist], [dann] darf [er] aber nicht Gott spielen.

**JK:** In Einklang mit den kosmischen Gesetzen, die ihm eine bestimmte Rolle zuschreiben, die nicht die des Göttlichen ist. Das ist eben nicht der Fall. Und genau da liegt die Klippe. Genau da liegt die Klippe. Er spielt Gott. Ja, ich sag ja immer gerne: Der Mensch in den Naturwissenschaften und auch in der modernen Denkbewegung hat sich selber völlig demon-tiert, ist eigentlich ein Nichts. Eigentlich ein kosmischer Idi-ot, wie Sloterdijk sagt, ein quasi-Nichts. Aber, dieses quasi-Nichts spielt sich zum quasi-Gott auf, klopft dem Weltgeist auf die Schulter, und man hat ja alles erforscht usw. Und nun geht es weiter. Der unzulängliche Mensch, der stirbt. Ja, das Fleisch ist irgendwie unzulänglich, aber dies ist eine schlechte Hardware, das passt irgendwie nicht. Wir müssen es anders machen. Und das ist ja auch ein alter Gedanke. Wir bauen den Menschen um und machen den Geist unsterblich über die Maschine, über den Chip. Das ist aber Irrsinn, und dazu wird es auch nicht kommen. Also da glaube ich dann doch noch an die ..., glaube ich an die Regenerationskraft des Menschen oder auch an seine elementare Kraft im Le-bendigen, dass er das nicht mit sich machen lässt. Vielleicht täusche ich mich, habe ja auch manches geglaubt, das [der Mensch das] nie tun würde, er hat es trotzdem getan. Also, das muss ich auch sagen, aber dass der Mensch das so mit sich machen lässt, das kann ich mir schlecht vorstellen.

**JK:** Obwohl es ja schon einige gegeben hat, die sich tatsächlich den Chip haben einsetzen lassen. Dann gibt es ja auch Befehle. Dann kannst du dein Bankkonto am besten gleich über den Chip [verwalten] usw. Du bist dann der gläserne Mensch, aber die Seele wird trotzdem nicht mitgedacht. Was ist das dann? Oder, die … , dann wird es ganz grausig, dann wird es zur Dystopie. Das ist für mich also die Dystopie schlechthin, ist transhumanistische Dystopie, die den Menschen tatsächlich zum Anhang der Maschine macht, der Maschinenmensch, der Cyborg. Wenn der Cyborg das Ruder ergreift, die Regie führt, dann ist es aus. Also, dann können wir hier einpacken auf der Erde. Dann weiß ich nicht, wie es dann mit der Erde weitergeht. Also, das hoffe ich nicht, dass das passiert. Also ich werde … , ich habe immer dagegen angekämpft und werde es auch weiterhin tun, innerlich und auch soweit ich es kann mit der Sprache und in der Öffentlichkeit werde ich es auch tun. Ich werde das nicht … , ich werde immer dagegen ankämpfen, auch innerlich. Nicht nur im Reden, im Video oder im Bücher schreiben, sondern auch innerlich. Also ich glaube immer noch, Gunnar, und da könntest du sagen, der ist ja doch irgendwie ein bisschen idealistisch bewegt, das wusste ich ja sowieso schon und das erfahre ich jetzt wieder mal, ja. C. G. Jung sagt einmal, die Seele ist eine … , die Psyche ist eine kosmische … , ist eine Großkraft, eine ungeheure Großmacht, die größte Großmacht, die es überhaupt gibt. Und daran glaube ich. Ich glaube, dass die Psyche, die Seele des Menschen, Psyche auch im Sinne

C. G. Jungs, eine Großmacht ist und dass die kontaktierbar ist. Und da kann auch ein Einzelner in bestimmten Situationen, ein Einzelner oder ganz wenige nur, ein Einzelner oder wenige, können tatsächlich dann die Geschicke mitbestimmen, wenn sie die richtige Entscheidung treffen. Davon bin ich überzeugt. Also das hat auch mit Würde zu tun. Also wenn man meint, man hätte irgendwie die philosophische Würde erreicht, ist es auch eine Verantwortung. Verdammt noch mal, es ist auch eine richtig dicke Verantwortung. Das ist nicht lustig. So kann man ja sagen, der Kirchhoff bildet sich das ein, der findet sich selbst so toll, er redet dann noch von der Verantwortung, tue ich ja auch, ich rede von der kosmischen Verantwortung. Ja, gut, kann er ja sagen, ist ja auch … , er macht ja auch interessante Dinge. Aber ich sehe das wirklich so, es ist wirklich auch eine Verantwortung. Ich mache das nicht zur Selbstdarstellung, dass ich irgendwie mich selbst toll finde und mich da so bejubeln [lasse]. Das [ist das] Letzte, was mich interessiert.

**GK:** Das Kosmische, das ist ein Stichwort, was mich interessiert. Ja, ich wollte aber noch mal C. G. Jung eine andere Denkerin an die Seite stellen, nämlich Mai Thi [Nguyen-Kim], die Youtuberin, die sagt, weil du eben die Psyche als Macht hier zitiert hast: Alles Psychologische ist eigentlich nur biologisch. Also da sind wir wieder bei diesem reduktionistischen Naturwissenschaftsbild. Das wollte ich nur noch mal erwähnen. Das passt sehr in unsere heutige Zeit.

**JK:** Ja, da ist natürlich die Frage, was meint man [genau] mit biologisch?

**GK:** Reduzierbar?

**JK:** Reduzierbar, aber es kann natürlich der Bios als Leben ... , [das] ist ja nicht nur der Bios in diesem platten Sinne, sondern das Leben selber, jede Blüte in jedem Frühjahr. Ich laufe da durch die Gärten und ich bin jedes Mal tief berührt. Und ich sehe auch die Menschen um mich rum, die aber hilflos, oft genug hilflos berührt sind. Die fühlen sich irgendwie angepackt. Ja, das ist wirklich schön, aber okay. Andere Sachen sind viel wichtiger, ja, das ist ja nicht das Wichtige. Ja, aber du wolltest auch noch fragen.

**GK:** Ich möchte gerne wissen, ob wir nicht in ... , oder lass uns uns davor bewahren, dass wir nicht den Fehler begehen, Leute jetzt als hybrishaft und technokratisch und größenwahnsinnig zu bezeichnen, die vielleicht in 50, in 100 Jahren genau so betrachtet werden, wie wir jetzt auf einen Leonardo da Vinci zum Beispiel oder einen Mozart zurückblicken.

**JK:** Ach so, du meinst jetzt die, die zum Beispiel.

**GK:** Elon Musk?

**JK:** Ja, Elon Musk.

**GK:** Du hattest eben das interessante Stichwort von dem kosmischen Gesetz genannt, und ich frage mich, ob wir nicht ... , oder wie wir unterscheiden können, ob ein schöpferisches Tun, was du sagst, ein wichtiger Bestandteil von der Würde des Menschen ist, der schöpferisch ist. Und wie kann ich unterscheiden, dass ein ... , zum Beispiel, wenn du jetzt Leonardo da Vinci nehmen möchtest oder Giordano Bruno, auf eine gewisse Weise schöpferisch tätig war, die im Einklang mit kosmischen Gesetzen waren, aber ein Elon Musk oder wer auch immer heute, ein Klaus Schwab vielleicht, auch schöpferisch ist, aber nicht im Einklang mit dem kosmischen Gesetz, wie kann ich dann denen folgen?

**JK:** Aber du kannst das an den Folgen doch schon jetzt sehen. Also allein schon jetzt. Was Elon Musk mit diesen, mit diesen Satelliten anstellt, ist so katastrophal, es ist so katastrophal, weil das kann zu Unfällen [führen], wird es auch tun. Das ist so desaströs allein jetzt schon, dass ... , die Folgen sieht man ja deutlich. Das ist ja, das ist ja einfach ...

**GK:** Ich sehe da manchmal nur so ein paar, ja, du weißt.

**JK:** Du weißt vielleicht, dass der die Lizenz hat, da zigtausende von Satelliten um die Erde zu [schicken].

**GK:** Du sagst, man kann die Folgen jetzt schon sehen? Ja, ich sehe da nur manchmal so zehn Satelliten.

**JK:** Aber die ... , ja, gut. Du hast das vielleicht auch jetzt rhetorisch vorgetragen und sagst, gut, Leonardo da Vinci hat auch Maschinen erfunden, das weiß ich. Ich kenne mich da gut aus und habe ein dickes Buch, wo alles, sein gesamtes Werk drin ist. Aber es ist ja insgesamt eine unfassbare Komplexität und Breite und Weite und Tiefe, die man überhaupt nicht vergleichen kann mit dem technischen Ingenium, das heute herrscht. Aber ich will das gar nicht. Also, Elon Musk, ist ein Beispiel. Die Anthroposophen sagen ja, das ist sowieso wie Ahriman, nicht. Ein Anthroposoph sagte mir mal, ja, der ist irgendwie wie der Ahriman. Ja, ich kenne mich ... , ich weiß nicht so genau, aber die scheinen ja zwischen Luzifer und Ahriman ... und also dieses technisch Verfestigte ist also Ahriman und manchmal ist es nur einer. Ja, das ist natürlich meine ... , ich kann natürlich auch nicht wissen, wie wird das und das betrachtet? Wie wird Jochen Kirchhoff in 50 Jahren gesehen? Wie erinnert man sich an ihn in 40 Jahren? Was sagt man dann über ihn? Man kennt seine Bücher. Vielleicht gibt es noch Videos. Ich vermute ja, die digitale Welt wird es da nicht geben. Aber gut, ich glaube, dass noch ein großer Umbruch existiert, der noch kommen könnte und wird. Und dann wird die digitale Welt so in dieser Form nicht weiter existieren, glaube ich. Aber letztlich ist es hypothetisch. Also da müssen wir ja gar nicht drüber reden, aber dann weiß ich es auch nicht. Wenn ich dann wieder inkarniert bin, dann, wie werde ich auf mich selber zurückblicken? Das alles weiß ich jetzt nicht, aber da muss man jetzt auch nicht zu weit gehen. Aber es sind interessante Fragen. Letztlich sprichst du eine interessante Frage an, wie kann man überhaupt im Nachhinein dann so etwas beurteilen.

**GK:** Oder wie weiß ich jetzt schon, ob ich im Einklang mit dem kosmischen Gesetz, das du zitierst, schöpferisch bin?

**JK:** Ja, das. Woher weiß ich das?

**GK:** Ich schätze, Elon Musk würde das vielleicht sogar von sich sagen.

**JK:** Ja, ich weiß, auch Wernher von Braun. Der hat auch vom kosmischen Bewusstsein gesprochen. Der ist ja in der Esoterik ein gängiges Wort „cosmic consciousness", seit dem frühen 20. Jahrhundert auch bei den Theosophen. Der sprach auch vom kosmischen Bewusstsein. Also ja, weiß man nicht, weiß ich nicht. Aber wo ist das Kriterium? Da würde ich noch ganz andere Kriterien heranführen. Da würde ich sagen, das ist Schönheit, das ist Vielfalt, das ist Tiefe, das ist Höhe, das umfasst die ganze Skala menschlicher Emotionen. Das alles ist da drin. In dem wirklich großen Werk ist es alles vorhanden. Da ist das Innen drin und auch im Außen ist es gegeben. Das Werk ist ja auch ein Außen, ein Außen, obwohl man natürlich sagen kann, ein Komponist, der das geschrieben hat, die Noten selber sind schon das Werk. Picasso hat ja mal gesagt, das weißt du ja, Ernst Jünger berichtete, der ihn in Paris kennengelernt hat, als er sagte, die vielen Bilder, die da rumstehen bei ihm, warum er die nicht aufstellt und sehen lässt: Das ist vollkommen egal. Die müssen gar nicht gesehen werden, weil allein, dass sie existieren, [das] ist es schon. Und so kann es natürlich auch sein. Aber das würde ich sagen, die Vielfalt ... , die Schönheit, die Schönheit ... , kann man sagen, gut, auch eine Rakete ist schön. Eine Weltraumstation ist eigentlich schön. Elon Musk ist vielleicht auch schön, ja oder was weiß ich. Ja, aber es gibt da so ästhetische Maßstäbe, die ich da anlege. Aber da kommt man natürlich in so Grenzbereiche, warum ist diese Musik schön, warum ist ... , da kommt man natürlich in schwierige Diskussionen. Ich erinnere mich an eine Diskussion mal in einem Nietzsche-Haus in Sils Maria. Eine blödsinnige Diskussion, als ich es wagte zu sagen, dass Beethoven als Symphoniker bedeutender sei als Tschaikowsky. Da hat mich eine Dame, die da mit mir am Tisch saß, schwer angegriffen. Wieso? Was soll das? Und so? Ja, was sind die Kriterien?

**GK:** Okay, ja, aber das Problem ist da auch, dass du dann ja doch wieder auf die Erfahrungswelt zurückgreifen musst.

**JK:** Ja, natürlich.

**GK:** Wie ich das gerade verstanden habe, du kannst das Wesen eigentlich nicht aus der Erfahrung heraus ...

**JK:** Aber es gibt doch so etwas. Da muss man den Kant gar nicht mal jetzt heranziehen, mit a priori. Es gibt auch etwas, was angeboren ist. Das ist ja auch eine Erfahrung.

**GK:** Sozusagen eine ästhetische Urteilskraft.

**JK:** Ja, ästhetische Urteilskraft. Und es gibt dann tatsächlich eine Art von a priori, was mit dir angelegt ist. Und das ist auch eine Erfahrung, eine Tiefenerfahrung sozusagen, es ist ja nicht nur die Zukunft anwesend. In gewisser Weise ist auch die Vergangenheit immer anwesend. Und das hast du auch erfahren. Du weißt es im Grunde genommen. Meine These ist ja, das würde ich gerne noch mal kurz sagen, die hast du vielleicht auch schon gehört, meine These ist ja, dass der Mensch im Grunde genommen alles weiß, dass er im

Grunde genommen das Potenzial hat, alles zu wissen oder viel zu wissen, die kosmischen Gesetze zu kennen. Und über die Anamnesis, wie Platon sagt, ist die Erinnerung eigentlich zugänglich. Das ist zugänglich für ihn. Und deswegen appelliere ich ja immer an den Menschen, indem ich sage: Befrag dich selber, du musst ja nicht Jochen Kirchhoff folgen. Ich bin kein Guru und kein ... , mir musst du gar nicht [folgen]. Aber nimm das auf, was ich sage, und gehe in dich selber. Hat das eine Plausibilität? Weißt du es nicht in der Tiefe? Und ich appelliere an den Wissenden, der tief verborgen ist. Ich sage immer ... , ich sage nie dem anderen Menschen ... , mache ihn nie runter und mache ihn klein. In privaten Zusammenhängen kann das passieren. Ich sage mal der Person, XY ist ein Vollidiot, aber ich würde niemals in der Öffentlichkeit oder einem anderen Menschen gegenüber ihn sozusagen so bezeichnen, weil jeder hat die Würde. Du hast die Würde. Du weißt doch genau, wenn du dein Leben [ansiehst] ... Einem Mitmenschen irgendwie einen Dolch in den Bauchraum [rammen], das ist nicht okay, das weißt du doch. Das muss man doch nicht dir nahebringen, das weißt du doch ganz genau, oder [dass du ihm] die Faust ins Gesicht schlägt oder ihn auf andere Weise, siehe aktuelle Situation, drangsalierst. Ganz in der Tiefe weißt du genau, dass es nicht okay ist. Oder es wird irgendwo umgebaut, dann ist es plötzlich die Mitsinnigkeit. Für dich, für mich, für alle, habe ich kürzlich gelesen, in der U-Bahn. Maske tragen, für dich, für mich, für alle.

**GK:** Eben, da wird umgebaut.

**JK:** Da wird umgebaut und dann wird ...

**GK:** Es nicht mehr ...

**JK:** Da wird die Empathie und die Solidarität, die Mitmenschlichkeit wird plötzlich sozusagen ganz umgedreht. Und das ist ja das Verrückte, Perverse, was wir ja nun alle kennen, du ja genauso wie ich, dass alles umgedreht wird. Und dann ist es schon wichtig, wenn man das klärt. Und deswegen bin ich nach wie vor der Auffassung, dass man auch ganz rational immer wieder neu Aufklärungsarbeit versuchen muss. Man muss es. Da hat er recht, der C. J. Hopkins, man muss es immer wieder versuchen, auch durch kleine Unregelmäßigkeiten. Ja, also ich kenne sowas auch und habe das auch ausgetestet. Oft genug.

**GK:** Dass man sich nicht anders verhält ...

**JK:** Ja, dass man ganz bewusst das nicht macht und guckt, wie reagiert wird. Also ich will muss das jetzt hier nicht darstellen oder mich selber irgendwie ins Licht stellen und sagen: Nein, aber es ist wirklich so. Du kannst mir es glauben, dass es wirklich so ist, dass ich wirklich das ausgetestet habe und erstaunt war über die Reaktionen, ganz verblüfft war und denke, was ist hier eigentlich los? Ja, manchmal denke ich ja auch, ich bin in einem, so auch die Frühzeit in der Corona-Zeit, ich bin ja in einem Albtraum gelandet. Das kann einfach gar nicht wahr sein, was hier läuft. Wie kommt das? Ist das hier wirklich ein Dämon? Also, *its a demon behind the great machine*?

**GK:** Du hast jetzt ein Wort angesprochen, das mir schon den ganzen Tag, die ganze Zeit unseres Gespräches im Hinterkopf ist, wer weiß warum.

**JK:** Ja, vielleicht auch schon seit anderthalb Jahren?

**GK:** Weil du das eben nämlich gesagt hast. Es sind manchmal Dämonen anwesend, und vielleicht ist es auch ... , also das ist bei mir im Hinterkopf geblieben, vielleicht sind es auch manchmal so gute Wesen, die für was Gutes sorgen. Aber denkst du, da ist sozusagen da manchmal in einem Raum oder auch in der Gesellschaft, dass da so übersinnliche Kräfte sind?

**JK:** In gewisser Weise denke ich das so, das ist natürlich ein heikles Feld. Da ist man schnell in so einer ... , in so einem bestimmten Fahrwasser, weiß ich, ist mir bekannt. Ich kenne ja die Szenen, die verschiedensten Szenen recht gut. Ich weiß genau, wie da so argumentiert wird. Ja, das meine ich auch. Es gibt auch das Böse im Sinne auch von dämonisch. Es gibt auch dämonische Kräfte. Ich meine, wenn man sagt ... , ich habe oft Diskussionen, auch im Privaten, [da wird gefragt], wieso Jochen, das Dämonische, das gibt es doch gar nicht, das Böse. Pass auf. Hast du mal richtig Situationen dir klar gemacht, wenn ein anderer ... , was Menschen an Brutalitäten, Gemeinheiten und unvorstellbaren Dingen gemacht haben? Das soll nicht dämonisch sein? Ja, was ist denn dann dämonisch? Das ist doch das Dämonische pur, es gibt doch das Grauenvolle, das ist ja die Entartung. Man kann ja tatsächlich dann das ... , für mich gibt es das Dämonische, also das heißt nicht, dass überall Dämonen sitzen, obwohl manchmal denke ich das auch. Ich sitze in der S-Bahn und gucke um mich und wundere mich über manches. Sagen wir mal, ich wundere mich, sagen wir mal, aber ich habe keine Angst. Ich habe keine Angst. Ich versuche die Angst in diesen anderthalb Jahren ... , ganz selten nur, manchmal in der Nacht wache ich auf, um halb drei, drei und denke, was ist jetzt eigentlich los? Dann also, dann grüble ich darüber, was kann ich tun? Und das, ja, Gunnar, auch die Frage, was kann ich als Philosoph dann machen? Denn irgendwann war für mich dann ganz groß die Herausforderung im Raum: Das kannst du nicht stehen lassen, du musst was sagen. Du musst dich da einschalten, du kannst da nicht die Klappe halten. Da muss geredet werden. Das finde ich wichtig. Und das ist auch dann rationales Reden, da und da und da stimmt es nicht. Und das müsste anders sein.

**GK:** Vielleicht ist das ein Weg, die Dämonen zu besiegen dadurch.

**JK:** Ja, ja oder auch Humor, manchmal ist der ja auch gut. Es ist ja auch grotesk zum Teil. Ich finde manches so grotesk.

**GK:** Zum Teil ist gut ...

**JK:** Ja, es ist so grotesk. Manchmal nenne ich es eine Farce oder eine Posse. Es ist eine Posse und eine Farce und eigentlich grotesk, unwürdig auf ganzer Front. Kann man darüber lachen? Eigentlich nicht wirklich. Also ich kann nicht wirklich lachen darüber. Also, tut mir leid.

**GK:** Vielleicht eine Tragikomödie, aber das mit den Dämonen hat mich wirklich noch mal interessiert, und ich kann mir vorstellen, dass gerade in der Berliner S-Bahn sehr viele Dämonen unterwegs sind.

**JK:** Ich bin ja kein Autofahrer, insofern fahre ich in der U-Bahn.

**GK:** Da siehst du das dann.

**JK:** Auch, wenn ich ein bisschen längere Touren habe, dann habe ich ja die Zeit. Schön ist immer, wenn ich ein Buch dabei habe, dann lese ich, und wenn ich dann mal kein Buch dabei habe, dann gucke ich, gucke ich um mich. Ich gucke auch gerne da ... , also gut, lassen wir das mal, was man da alles sieht. Wie gesagt, die Berliner S-Bahn ist ein eigenes Feld.

**GK:** In diesem Gespräch ist eigentlich eher das Gefühl, hier waren mehr die Engel anwesend.

**JK:** Ja, ja, also wir wollen das mal so ... , wir sehen die guten Wesen, die auch uns begleiten und beschützen und die auch unser Gespräch beflügeln und befeuern und ja und abschirmen gegen bösartige Impulse. Das will ich hoffen, und das möchte ich gerne so festhalten.

**GK:** Ja, vielen Dank für das schöne Gespräch.

**JK:** Okay, ich danke dir.

**GK:** Das war's für heute bei kaisertv. Ich hoffe, es hat euch gefallen. Bis zum nächsten Mal. Macht's gut.

***

# Wissenschaft – eine absolutistische Religion

Transkript des Gesprächs in Berlin
am 14. Mai 2022

## Überblick

In diesem Interview diskutiert Jochen Kirchhoff sein neues Buch „KoS-MoS" und seine Ansichten über das Weltall. Er erklärt, dass seine Denkweise im Laufe der Jahre entwickelt hat und sich in seinem Buch als Sammlung von Essays widerspiegelt. Er spricht über sein Interesse daran, zu verstehen, wie Menschen mit dem Kosmos verbunden sind und welche Rolle sie darin spielen. Er kritisiert die Abstraktion und den Dogmatismus der modernen Wissenschaft, insbesondere im Bereich der Physik und argumentiert, dass die wissenschaftliche Weltanschauung zu einer Religion mit einem starren Glaubenssystem geworden ist.

Er weist darauf hin, dass der wissenschaftliche methodische Atheismus Wissenschaftler dazu zwingt, die Existenz von Bewusstsein und Spiritualität zu leugnen, was er für einen Fehler hält. Er legt dar, dass seine eigenen Prämissen, zu denen die Existenz von Bewusstsein und Geist gehören, plausibler sind und die gesamte menschliche Erfahrung einschließen. Er diskutiert auch die Paradoxien und zirkulären Argumentationen, die der wissenschaftlichen Weltanschauung inhärent sind, und schlägt vor, dass seine eigenen Prämissen zu einem umfassenderen und kohärenteren Verständnis der Welt führen.

* * *

## Gunnar Kaiser und Jochen Kirchhoff im Gespräch

**GK:** Hallo und herzlich willkommen bei kaisertv. Heute sprechen wir über nichts Geringeres als den Kosmos. Das ist der Titel des neuen Buches von Jochen Kirchhoff, mit dem ich hier schon einige Interviews auf kaisertv führen durfte. Und ich bin ganz besonders erfreut, dass wir heute über dein neues Buch sprechen können. Jochen, schön, dass du da bist.

**JK:** Danke. Ja, hallo Gunnar.

**GK:** Es heißt „KoSMoS". Es sind 14 Essays, die auch zurückreichen in ihrer Entstehungszeit bis auf 1993 zurück. Also gibt es dort eine gewisse Entwicklungslinie in deinem Denken, die du auch verbindest mit der heutigen Zeit. Du schreibst auch von der Weltkrise, du sprichst von „kosmischem Faschismus" sogar. Wie hat sich … , wie zeichnet sich für dich diese Entwicklungslinie in deinem Denken nach? Was ist das, was du heute in der Rückschau sagen würdest? Das Verbindende, was sich eben auch mit der Aktualität unserer Zeit aktualisieren lässt.

**JK:** Na ja, als die sogenannte Corona-Krise begann, da habe ich relativ schnell begriffen, dass hier irgendetwas fundamental nicht stimmt. Warum, das konnte ich relativ leicht begreifen von meinen Grundvoraussetzungen aus, weil ich immer wieder interessiert war, was ist Denken und wie wird gedacht, wie wird falsch gedacht, was ist Ideologie, was ist Betrug? Und all diese Dinge. Und was ist Täuschung, und was sind windige Hypothesen? Und all diese Dinge und abstrakte Dinge, die gar nicht stimmen oder jedenfalls, sagen wir mal, unzulänglich sind. Das habe ich ganz früh gemerkt bei dem, was da so behauptet wurde. Spätestens, sagen wir mal ab April/Mai 2020, war mir eigentlich klar, das ist alles falsch. Insofern hatte ich da meine alte Tradition. Ich selber habe ja …, du erwähnst ein Essay von 1993, ja, das ist richtig. Aber es gibt ja noch eine ganze Entwicklung, geht ja noch viel weiter zurück. Im Grunde genommen bis zum 18. und 19. Lebensjahr, also immer im Grundthema. Aber das hat mich immer interessiert: Wie ist der Mensch in den Kosmos eingehängt? Was ist überhaupt der Kosmos? Wer sind wir? Menschenbild, Kosmos? Das hat mich immer brennend interessiert. Ja, wer bin ich in diesem ganzen, ungeheuren Ganzen, und was habe ich da zu tun? Und gibt es da eine Aufgabe? Und wie sieht die Welt eigentlich aus, und was ist vielleicht richtig und was ist falsch? Also diese Dinge …, und die spielen heute auch noch in der Corona-Krise bei mir immer eine ganz große Rolle. Also ich denke das immer mit, also bei allem was ich auch in der Öffentlichkeit dazu gesagt habe oder geschrieben habe, das spielt bei mir immer ganz entscheidend mit. Und das ist ein Kontinuum, was sich da abzeichnet. Also es ist der Wahn der Abstraktion, sage ich mal, der hat sich da perpetuiert und gesteigert und ist desaströs. Also der ruiniert uns alle.

**GK:** Was meinst du mit der Wahn der Abstraktion? Also Naturwissenschaften?

**JK:** Ja, also die, ja, die, wie du ja auch weißt, genauso wie ich, dass die sogenannte moderne Denkbewegung, sage ich mal so, ja, wie das so schön immer heißt im Jargon, ist ja doch ganz stark von der Abstraktion bestimmt. Und die Naturwissenschaft, Naturphilosophie seit der Renaissance ist auch fokussiert gewesen – seit Galilei – auf diese Abstraktion. Das heißt wie die Dinge eigentlich sind, ist nicht wichtig. Also Galilei sagt das ausdrücklich: Was die Schwere ist, darüber haben Philosophen nachgedacht, dieses und jenes gesagt, aber ich beschreibe, was wirklich passiert. Also die Beschleunigung Richtung Erdmittelpunkt, der Stein, der fällt, wird immer schneller usw. Das kann man in eine einfache Formel bringen, und das ist das Entscheidende, der Verzicht auf die Wesensfrage und der Verzicht auch auf die Qualitätsfrage, der Verzicht überhaupt auf das, was Menschen ausmacht. Nicht nur das Emotionale, auch das Spirituelle und all das, was einfach nicht quantifizierbar ist, was nicht aufgeht in der Abstraktion. Und das ist immer mehr in den Privatbereich gedrängt worden, nach dem Motto: Ja, du kannst es ja ruhig glauben, ja, aber die Wissenschaft ist immer ein Abstraktionsprozess. Und was nicht in den Abstraktionsprozess, auch in die Mathematisierung eingeht, wird erst mal ... , fällt in Misskredit. Das heißt, es ist nicht wirklich wissenschaftlich, und alle Wissenschaften haben ja da irgendwo einen Minderwertigkeitskomplex, wollen das auch so haben, auch Germanistik usw., auch die Deutschlehrer und was weiß ich alles. Die wollten [das] dann auch, irgendwie haben sie Minderwertigkeitskomplexe, sie können nicht so die ganzen Zahlenkolonnen an die Tafel schreiben, sie müssen das in Sprache kleiden, und das gilt dann auch als Geschwurbel oder so, aber sie haben auch eine Angst davor. Und noch kurz zu dem Punkt: Sie überschätzen auch diese Zahlenkolonnen. Die meisten Menschen haben richtig Angst davor. Sie denken, wenn sie sich da kritisch äußern, machen sie sich lächerlich. Dabei durchschauen [sie] nicht die Voraussetzungen, auf denen das Ganze basiert. Das Ganze ist ja nicht voraussetzungslos, es gibt ja Prämissen. Und meine Arbeit im Lauf von Jahrzehnten war ja auch unter anderem die Kritik an den Grundlagen, also an den Basics, Grundlagenkritik an den Prämissen. Denn es wird von bestimmten Prämissen aus gedacht und die Welt betrachtet, der Kosmos betrachtet, und diese Prämissen werden oft gar nicht hinterfragt. Und das mache ich eben, und da bin ich ja auch beeinflusst von anderen Leuten, also vor allem [von] Giordano Bruno und dann von Helmut Friedrich Krause. Da habe ich gelernt, dass man das alles hinterfragen kann und da eine Fragetechnik entwickelt, wie man da immer näher kommen kann. Ich habe geradezu mich zum Teil als fragenden Philosoph betrachtet. Immer wieder fragen, auch wie immer neu fragen. Wo manche Leute schon zum Ende [gekommen] sind, frage ich noch weiter. Was ist das? Wovon gehst du aus? Und dann kann man sich darüber verständigen. Ich lasse mich aber nicht auf die Prämissen da ein, in dem Sinne, dass mir das vorgegeben wird, sondern ich gehe [da weiter]. Ja, gut, das sagst du aber doch nur aufgrund dieser Prämissen. So, und wie kommst du zu diesen Prämissen? Ja, das sind natürlich irgendwie auch Axiome, die gesetzt werden, metaphysisch. Das ist dann Metaphysik letztlich. So, das ganz knapp gesagt. Also diese … , und das ist ja auch die Wissenschaft, ist eben in viel höherem Grade, weißt du, Gunnar, Metaphysik, als sie selber denkt. Und Menschen mit ihren Konzepten können von Metaphysik gar nichts wissen oder [es] interessiert sie vielleicht gar nicht. Ist das alles Gerede oder so, ja. Aber letztlich haben sie ihre Prämissen, ihre Voraussetzungen. Und die sind oft ganz eisern festgeschraubt, und sie durchschauen sie selbst nicht. Und da setze ich an, also an diesen entscheidenden Punkten bin ich, glaube ich, der Einzige oder [mit] ganz wenigen weit und breit, die das überhaupt machen heute. Die meisten haben Angst davor und trauen sich nicht oder haben auch keine Konzepte.

**GK:** Man wird ja schnell als Wissenschaftsleugner dargestellt, wenn man diesen herrschenden Dogmatismus, wie du auch sagst, ein knallharter Dogmatismus, purer Glaube, quasireligiös in den Naturwissenschaften, wenn man das hinterfragt. Jetzt erstaunt das doch, weil man doch eigentlich sagen müsste, die Naturwissenschaft verzichtet doch auf den Glauben, sie will alles hinterfragen. Sie will eben nur das Messbare und empirisch Feststellbare. Auch erst mal eben der Verzicht auf die Wesensfrage, [das] ist doch auch sozusagen eine Absage an jeden religiösen Wahn. Aber genau das wirfst du der Naturwissenschaft [vor].

**JK:** Ja, so ist es ursprünglich auch gewesen. Also, aus einem gewissen Überdruss an der kirchlich-christlichen Dogmatik hat man gesagt: Okay, das ist alles Glaubenssache. Die Naturwissenschaft grenzt sich davon ab, aber sie ist im Laufe der Zeit selber genau in diese religiöse Schiene reingeraten. Letztlich ist es auch Religion. Ich meine, da bin ich ja nicht der Einzige, der sagt, Naturwissenschaft ist eine Religion geworden und zwar, ich würde sogar sagen: Eine absolutistische Religion. Ja, es ist vielleicht sogar der Absolutismus schlechthin, der Fundamentalismus geradezu. Die stärkste Kraft auf diesem Planeten ist die abstrakte Naturwissenschaft, denn alle machen vor ihr den Kotau, egal wo man ist, egal, wo man sich befindet, weil sie denken, die Maschinen funktionieren doch, also muss der Rest auch stimmen. Das ist ja ganz simpel. Also es ist so ja gar nicht, wenn du weißt, wie dein Computer funktioniert, weißt du noch lange nicht, wie der Kosmos funktioniert. Aber die haben diesen Kurzschluss im Kopf. Mein Kopf, mein Computer funktioniert. Was hast du dagegen einzuwenden? So, nach dem Motto. Also da ist die Naturwissenschaft zur Religion geworden mit einer knallharten Dogmatik und auch *ex cathedra*-Erklärung. Ja, das ist also ja schon oft gesagt worden, und das ist ein Desaster, das ist wirklich verhängnisvoll, weil alle Welt macht den Kotau. Ich sage ja oft, die Niederwerfungen, die der Zeitgenosse heute macht in der Intellektualkultur, da sind alle religiösen Niederwerfungen im tibetischen Buddhismus und

was alles, sind harmlos dagegen, weil er ständig diese Nie-
derwerfung macht und letztlich auch gar keinen kritischen
Ansatz überhaupt hat. Ich habe das genau verfolgt in der Corona-Krise auch in den letzten zwei Jahren. Hat es irgendwie
mal einen Ansatz gegeben von den Kritikern? Ein einziges
Mal habe ich was gefunden, bei Rubikon. Und dann lese ich
nach, Jochen Kirchhoff, Jochen Kirchhoff. Das hat der [Autor]
ganz stark schon vor zwei Jahren auf mich rekurriert, was
ich jetzt ihm nicht übel nehme oder so, aber da hat er es her,
sozusagen, sonst gar nicht. Es wird wie ausgeklammert,
auch wenn über Wissenschaft, das weißt du doch, wenn
über Wissenschaft geredet wird, wird über falsche Wissenschaft geredet, die Messwerte sozusagen. Der Corona-Test
oder der PCR-Test ist einfach falsch. Das kann man nachweisen, und dann wird immer die echte Wissenschaft gegen die
falsche Wissenschaft ausgespielt. Aber dass die Wissenschaft als solche häufig genug einfach sozusagen fatal ist,
das wird kaum gesagt. Es gilt als Sakrileg, weil es ist wie
eine, wie eine Gotteslästerung. Und das ist ja auch so in der
Corona-Krise, das hast du ja in deinem Buch sehr schön geschrieben, „Der Kult", das ist ja wie eine religiöse Veranstaltung. Aber die Physiker machen es genauso. Wenn du Physi-
ker-Konferenzen beobachtest und was die so von sich geben,
das ist rein religiös, das ist unglaublich.

**GK:** Sie sind in ihrem Weltbild verhaftet, sagst du und haben
Prämissen, die sie nicht selber hinterfragen. Welche Prämissen sind das? Wir wollen das mal konkret machen. Vielleicht
auch vor allem erst mal auf den Menschen, auf das Menschenbild bezogen, die es eben so gefährlich machen, dass

man den Kotau vor der Naturwissenschaft macht.

**JK:** Also erst mal eine Grundprämisse ist, dass der Mensch in seiner Ganzheit, auch in seinem Bewusstsein, in seiner Ich-haftigkeit, in dem, was er in seiner Qualität eigentlich darstellt, ausgeklammert wird. Der Mensch wird zum Registrierapparat. In diesem Sinne auch wieder Abstraktion, dass, wie der Mensch als solcher ist, auch gar nicht interessiert. Deswegen bleibt auch das Bewusstsein das große Rätsel, ja, das große Fragezeichen in der ganzen Naturwissenschaft. Und solange das nicht gelöst ist, kommen wir sowieso keinen Millimeter weiter. Also eine Grundprämisse ist, wir können die Welt abstrakt-mathematisch beschreiben und haben damit eine Annäherung an die Wirklichkeit. Wir müssen nicht wissen, wer wir selber sind. Der einzelne Mensch kann die Geige spielen oder kann durch Wald und Flur streifen oder hat Angst vorm Tod oder vor der Krankheit und fühlt sich so oder auch anders. Aber das spielt alles überhaupt keine Rolle, sondern sozusagen, es gibt einen breiten Strom der Abstraktion, die letztendlich das Ganze bestimmt. Das ist der eine Punkt. Dann gibt es das, was Carl Friedrich von Weizsäcker mal ganz schön gesagt hat, der das aber auch macht, es gibt den methodischen Atheismus. Das ist ein gutes Wort, also der methodische Atheismus. Atheismus heißt, du kannst glauben, was du willst. Viele, viele Physiker, Kosmologen, die glauben alles Mögliche, können Buddhisten sein oder auch Hindus oder fromme Christen. Aber was sozusagen? Du kannst das glauben, aber der methodische Atheismus bedeutet: Methodisch musst du Atheist sein. Du darfst nicht etwa an irgendeiner Stelle deiner Argumentation sozusagen das Spirituelle oder Göttliche oder auch eine höhere Gestalt des Bewusstseins einführen, weil es gilt als faul, als fauler Trick. Ja, das darfst du nicht, das kannst du für dich privat machen. Und da ist also der methodische Atheismus und der methodische Geozentrismus. Das habe ich jetzt erfunden, ja, also sozusagen, die Dinge müssen immer oder sollen so sein, wie sie hier auf der Erdoberfläche sind. Also man hat hier bestimmte Dinge gemessen und postuliert, und die müssen überall so gelten, und das ist auch schon eine Voraussetzung.

**GK:** Also die Schwerkraft zum Beispiel.

**JK:** Ja, ja, die Schwerkraft. Gut, was bedeutet die Schwerkraft? Und auch überhaupt grundsätzlich die ganze Frage: Wie komme ich überhaupt zur Erkenntnis der Welt? Sind wir nicht, sozusagen … , ist unser Winkel überhaupt befähigt dazu, aus diesem Winkel heraus den Kosmos zu erklären? Es kann ganz anders sein, was ich glaube, dass man … , dass wir in viel größerem Grade eingeschränkt sind und gleichzeitig über das Bewusstsein wieder weiter sind. Da ist also eine elendige Geschichte entstanden. Und die Physiker, auch die Kosmologen, die klopfen doch dem Weltgeist sozusagen auf die Schulter. So ist es doch. Die klopfen dem Weltgeist auf die Schulter, sind auf du und du mit dem Weltgeist. Es ist wirklich so, den Eindruck hat man ganz deutlich. Also das bläht sie auch auf. Ich glaube, keine Wissenschaftsdisziplin, vielleicht siehst du es auch so, hat so eine große Autorität und eine religiöse Aura wie die Kosmologie. Und gerade das ist das Abstrakteste, was es überhaupt gibt. Denn was wir in den Fernrohren sehen, diese wunderschönen Bilder usw., das sind ja alles nur Phänomene und die Phänomene erklären sich ja nicht selber. Das heißt, das Phänomen hat ja nicht eine große Überschrift, sondern der Mensch in seiner geistigen Potenz muss oder könnte in der Lage sein, das zu erfassen. Worum geht es überhaupt? Das heißt, er muss es interpretieren. Wir leben in einer Welt, die interpretiert werden muss. Ganz einfach gesagt, und schlicht gesagt. Diese Welt interpretiert sich nicht selber, sondern es sind Chiffren auch und die müssen wir deuten. Und die kann man intelligent deuten. Oder man kann sie nicht intelligent deuten.

**GK:** Ja, also diese nicht intelligente, vielleicht platte Deutung zum Beispiel des Menschen und seines Bewusstseins, weil du das eben als das große Rätsel beschrieben hast, das erstmal gelöst werden müsste, wäre doch, es gibt gar kein Bewusstsein, es ist nur eine Täuschung. Oder es ist ein Epiphänomen von materiellen Vorgängen, wo die Naturwissenschaft sagen könnte, wir haben das Problem, das Rätsel längst gelöst. Es gibt kein Bewusstsein.

**JK:** Ja, Gunnar, aber so weit würden die meisten Physiker und Kosmologen gar nicht gehen. Die sind ja immer noch auch rhetorisch sehr geschickt und sagen ja, das haben wir nicht geklärt, irgendwann kriegen wir das raus. Es ist nicht so, dass es einfach geleugnet wird. Natürlich kann man sagen, okay, es ist ein Epiphänomen, es ist keine eigene Qualität. Da ist der Punkt, ja. Na ja, also, was ist Bewusstsein? Ist es eine eigene Qualität der Welt, überhaupt des Kosmos, eine Qualität, die alles durchdringt? Oder ist es eigentlich nur ein zerebrales Phänomen, eine Konstruktion des Gehirns. Aber das sind natürlich auch lauter Zirkelschlüsse. Denn wo ist das Gehirn? Das Gehirn ist in der Welt, wie Schopenhauer so schön sagt, der Kopf ist in der Welt, aber die Welt ist im Kopf. Also man kommt aus diesem Zirkelschluss da nicht raus. Also wenn man es rein intellektuell betrachtet, bleibt man in der Falle, in der Zirkelschlussfalle.

**GK:** Ich zitiere dich in dieser Hinsicht, weil du jetzt von Zirkelschlüssen sprichst. Man kann den Zirkelschlüssen und Paradoxien nur entgehen, wenn man wie Giordano Bruno von der Allgegenwart von Leben und Geist ausgeht. Erstmal möchte ich dich dazu fragen, was du jetzt genau meinst mit diesen Paradoxien? Welche gibt es dann noch? Also das, was du mit dem Kopf und der Welt ... , das scheint wirklich ein Zirkelschluss zu sein. Welche prägen noch deiner Ansicht nach dieses Weltbild der technischen Naturwissenschaft, diese technisch mentale Einstellung, wie du das beschreibst? Und das als zweite Frage: Was bedeutet, man geht von der Allgegenwart von Leben und Geist aus?

**JK:** Ja, ich würde mal so sagen. Okay, was ist Erkenntnis? Gehen wir jetzt in dieses Feld rein. Was ist Erkenntnis? Also wie weit reicht Erkenntnis? Gibt es, wenn wir sagen, Philosophie ist Liebe zur Weisheit – jetzt auch wir, unsere Philosophie – , gibt es die Weisheit als eine Seinsqualität da draußen und durch alles [hindurch]? Oder ist es eine pure Fiktion? Also Wissenschaft ... , was ist das überhaupt im Kosmos? Da ist man natürlich bei einem sogenannten objektiven Idealismus. Also, es gibt den Geist in der Welt, und der Geist kann, unser spezieller Geist, individueller Geist, der kann das nachdenken, was sozusagen an Geistqualität in der Welt ist. Ich würde sagen, wenn wir nicht nur projizieren wollen, müssen wir bis zu einem gewissen Grade im Grunde voraussetzen, dass es diesen Geist auch in der Welt gibt. Denn wenn es den Geist gar nicht in der Welt gibt, was wäre dann unser Geist? Also das, glaube ich, ist logisch nicht haltbar. Und da liegt auch immer eine gewisse Paradoxie darin, weil die Naturwissenschaftler gehen letztendlich, das machen alle großen Physiker genauso, das hat Heisenberg gemacht, den ich auch selber gekannt habe, nicht, die gehen immer davon aus letztendlich von so einem Axiom – irgendwie gibt es doch eine kosmische Harmonie. Ja, also es gibt eine Ordnung, der kann man nachdenken mittels Zahlen oder wie auch immer. Auf jeden Fall ist [es] eine Prämisse, und aus „dieser Kiste" kommt man nicht raus. Unmöglich ist das.

**GK:** Dann kommt man offensichtlich auch nicht aus der Bredouille raus, Prämissen setzen zu müssen, ob man jetzt beim naturwissenschaftlichen Weltbild ist oder bei diesem, mehr, wie würdest du es nennen, spirituellem Weltbild?

**JK:** Ja, spirituell, oder? Ja, ist schwer zu sagen, weil, man kann auch integral sagen, oder es gibt viele Bezeichnungen dafür. Ich bin da immer zurückhaltend mit diesen Begriffen. Ja, kann man sagen. Man kann spirituell sagen, aber es ist natürlich, wie soll ich sagen … , gibt es ein Denken ohne Prämissen? Eigentlich nicht. Es sei denn, ich nehme an, dass der Mensch, ein bestimmtes hochgradiges Bewusstsein vorausgesetzt, in der Lage ist, jenseits jeder Prämisse sozusagen, in den Weltengrund hinab … , wie das ja auch die romantischen Philosophen geglaubt haben, und ich bis zu einem gewissen Grade auch glaube, ja, dass man sozusagen da hinabsteigen oder hinaufsteigen kann, dann würde man all diese projektiven Schichten durchschlagen. Aber im Rationalen, sage ich mal, im Intellektuellen, musst du Prämissen setzen. Also das ist ja zum Beispiel eine ganz klare Prämisse, ich sage, eine Prämisse von mir ist: Geist und Seele existiert in der Welt. Sonst könnte ich gar nicht erkennen. Das kann man letztendlich auch nicht beweisen. Aber es ist eine klar pointierte These und eine Prämisse. Das heißt, davon gehe ich aus, und da komme ich relativ weit mit dieser Prämisse. Genauso kann man sagen, eine Prämisse wäre: Ist Analogiedenken legitim? Ja, es ist legitim, ich würde sagen, ohne Analogie [geht es gar nicht], jetzt nicht in diesem Sinne, wie wir es haben, digital oder analog, sondern in anderem Sinne, im Sinne der Ähnlichkeit. Gibt es ein Analogiedenken. Ist das sinnvoll? Ja, es geht gar nicht anders. Wir müssen in Analogien denken, und wir müssen auch bestimmte Prämissen setzen. Man muss es nicht dogmatisch setzen. Also ich kann ja auch nicht sagen, das habe ich nun, das ist absolut sicher. Das behaupte ich übrigens auch in dem Buch nicht. Das habe ich auch in den anderen Büchern und auf meinem Kanal nie [getan]. Ich sage immer, das weißt du auch, ich mache Denkhorizonte auf. Ich stelle Dinge vor, die für mich eine Plausibilität haben, behaupte aber nicht, dass ich nun sozusagen von allerhöchster Ebene aus das alles letztgültig wüsste, das wäre hybrid, das tue ich auch gar nicht. Aber ich will … , ich kann zumindest die Prämissen sozusagen … , ich kann die anzweifeln, und ich habe gute Gegenprämissen, und die sind nicht schwach. Also, ja!?

**GK:** Mach uns deinen Zweifel doch noch mal klar, auch dem Zuschauer an den Prämissen des naturwissenschaftlichen Weltbildes. Indem du diese Paradoxien und Zirkelschlüsse noch mal verdeutlichst. Warum sind deine Prämissen plausibler, letztendlich – führen sie weiter?

**JK:** Ja, weil ja meine Prämisse, sage ich mal, gut ist. Hast du ja so gesagt jetzt, ich greife das jetzt mal auf. Also meine Prämissen scheinen mir deswegen plausibler, weil sie sozusagen den ganzen Menschen umfassen, und weil sie das Lebendige umfassen, was meiner Überzeugung nach eigentlich nicht entstanden ist, sondern ein Grund, ein Grundelement überhaupt in der Welt ist. Also Leben entsteht gar nicht, sondern Bewusstsein entsteht auch nicht, sondern es ist sozusagen etwas, was ständig da ist, also insofern ist es eine gewisse Konsistenz. Das umschließt uns, dich, mich, wir sind nicht dann die kosmischen Outcasts oder, wie Sloterdijk sagt, die kosmischen Idioten, was er ja ganz klar sagt: Der Mensch ist ein kosmischer Idiot. Sondern, wir sind dann integriert, wir sind in gewisser Weise gemeint. Ich spreche ja manchmal von dem herrschenden Weltbild als dem Du-bist-nicht-gemeint-Universum, du zählst überhaupt nicht, du bist gar nichts, du bist ein quasi-Nichts. Und gerade dieses quasi-Nichts macht die Menschen ja auch psychisch kaputt, weil [sie] sich zum quasi-Gott aufspielen. Das wissen wir ja nun reichlich, nicht. Also diese Prämisse, die ich favorisiere, setzt eigentlich das Lebendige und das Spirituelle und das Ganzheitliche und die Qualitäten voraus. Die, glaube ich, sind die

Grundlage der Welt. Sonst können wir weder etwas erkennen, noch würden wir existieren. Also das ist eine Grundprämisse, die kann ich vielfältig nachweisen, auch in der Gravitation zum Beispiel. Ich versuche ja mit bestimmten Impulsen, die ich natürlich aufgegriffen habe, zu erklären: Was ist Gravitation? Gravitation ist ja nie erklärt worden, aber ich glaube, ich kann es erklären. Also ein Materiezerfall im Gestirninnern, sozusagen eine Kernverstrahlung aus dem Innern des Gestirns heraus. Und das ist sozusagen eine Raumenergieverstrahlung. Das ist … , das kann man ganz konsistent denken. Dann ist Licht auch nur eine Wechselwirkung mit anderen Raumenergieverstrahlungen. Das lässt sich konsequent denken und konsistent denken und ist auch schwer zu widerlegen, ist auch noch nie widerlegt worden. Und von da habe ich einen Ansatzpunkt. Aber die Physik klammert das alles ja aus. Okay, wir wissen nicht, was Gravitation [ist], wir wissen nicht, was Leben ist. Die Biologie müsste es ehrlich zugeben. Sie wissen ja nicht, was Leben ist. Sie wissen ja auch nicht, was Bewusstsein ist. Sie wissen ja nicht, wer sie selber sind. Und es ist ja auch eine Grundfrage, das weißt du ja schon aus früheren Gesprächen, glaube ich, bei unserem letzten Videogespräch da auch – der Mensch muss auch wissen, wer er selber ist und sich selbst befragen. Also das ist nicht eine pietistische Übung, die nichts bringt, sondern es ist wirklich wichtig: Wer bin ich überhaupt selber? Und Goethe sagt ja: „Wer bin ich gegen das All?" Im „Wilhelm Meister", nicht, da will er Meister … , ich möchte das kurz erwähnen, vielleicht kennen es nicht alle. Du kennst natürlich „Wilhelm Meisters Wanderjahre", glaube ich. Der Wilhelm Meister geht dann zum ersten Mal in seinem Leben auch auf eine Sternwarte. Und [was] wird ihm da gezeigt? Und dann sieht er den Sternenhimmel, und er ist ja vollkommen erschüttert. Und dann sagt er: „Was bin ich gegen das All?" Plötzlich diese Erschütterung. Und dann, wie kann ich mich darin überhaupt bewegen, und wie kann ich darin sein? Da müsste, sagt denn Goethe, auch in mir, ein ewig bewegtes Zentrum sein, damit ich mich überhaupt in dieser Welt behaupten kann. Also die Grundfrage: Wer bin ich dann? Und das rührt ja im Grunde genommen auch den Alltagsmenschen heute immer noch an. Also wer heute irgendwo auf Korfu, oder wo auch immer er sich befindet, den Sternenhimmel betrachtet, wenn er das irgendwie kann, wenn der Himmel so weit klar ist, das rührt jeden an erst einmal in der Tiefe. Und dann ist die Frage, was passiert dann? Ist es eine Projektion, weil wir nicht anders können? Oder affiziert uns da irgendetwas? Kommt uns etwas entgegen, was substanziell ist? Also werden wir sozusagen, wir blicken nicht nur, wir haben das Fernrohr, was wir in die kosmische Nacht stoßen, aber wir haben auch etwas, was uns entgegenkommt. Es ist eine Wechselwirkung: Wir blicken und wir werden angeblickt.

**GK:** Aber den Blick, den wir dann darauf richten, das muss ja offensichtlich ein ganz spezieller sein, den wir vielleicht sogar verlernt haben durch unser, ja, sagen wir, durch unser materialistisches Weltbild. Vielleicht, wenn das so im Alltag so ist, hier bin ich, ganz klein und gegen das All bin ich nichts, und das erdrückt mich vielleicht sogar, macht mich unwichtig. Jetzt muss ich meinen Blick irgendwie verändern, muss sozusagen zu einer Anschauung finden dessen, nicht nur des Sternenhimmels, sondern vielleicht auch von Kunst oder von einem Wald, dem Meer. Und ist das sozusagen der Ausweg aus dem Verengten, aus der Diktatur der Abstraktion, wie du sagst, dass ich jetzt meine Anschauung auf das Konkrete richte und so hinhöre? Was sagt es mir, welche Zeichen sendet es mir?

**JK:** Na ja, es gibt verschiedene Ebenen des Zugangs, die von Goethe zum Beispiel, also denkende Anschauung, anschauendes Denken, damit kommt man ziemlich weit. Also nicht das Denken der Anschauung, anschauendes Denken, also das Denken nicht abzukoppeln, wie das ja Goethe auch immer wieder kritisiert. Der ist ja einer der intelligentesten Kritiker der Fiktionen, der ist ja ein wunderbarer Kritiker der Fiktionen. Wir erleben, dass überall Fiktionen sind, was auch bei Nietzsche dann auftaucht, also diese … , dass wir eigentlich nur noch mit Fiktionen arbeiten. Oder Hans Vaihingers „Philosophie des Als-ob". Das ist ja wunderbar, also immer wieder sich fragen: Ist das wirklich so? Ist das nicht letztendlich eine Fiktion? Und denkende Anschauung heißt: Bleib bei der Anschauung, und du kannst die Anschauung aber vertiefen, sozusagen, ich sag mal jetzt plakativ, so ein bisschen vielleicht anthroposophisch klingend, vom Sinnlichen zum Übersinnlichen, ja, also sozusagen da ist … , in den Phänomenen steckt viel drin, und sie erschließen viel, wenn man sie genau betrachtet. Das heißt noch nicht, dass man dadurch sozusagen, dass sich da der Kosmos öffnet. Aber es ist eine Möglichkeit, also eine Verfeinerung der Anschauung und eine Verfeinerung des Denkens und eine Sublimierung des eigenen in-der-Welt-Seins. Also das ist schon ein Weg.

Das heißt aber noch nicht, dass man es damit hätte. Man hat es vielleicht sowieso gar nicht. Also, das heißt ja nicht, dass man es in der Tasche hat.

**GK:** Ja, aber wie komme ich denn dann dahin, solche Dinge zu behaupten, dass der Kosmos belebt ist, dass die Gestirne Lebewesen sind, ohne das jetzt nur als bloße Metapher offensichtlich zu behaupten, sondern auch zu einer Theorie zu kommen, einer kosmologischen Theorie, die behauptet, alles ist belebt, wenn die Anschauung allein nicht reicht.

**JK:** Ja, die Anschauung gibt es ja, im tiefsten Sinne ist ja die Anschauung nicht nur die physisch-sinnliche Anschauung, also der Erdoberfläche. Wie ich dazu komme? Es ist einfach eine … , für mich, vielleicht ist es eine Täuschung, aber für mich ist [es] eine Denknotwendigkeit. Ich kann nur über die Welt nachdenken, wenn die Welt ist wie ich, oder ich bin, wie die Welt ist. Also dieses sozusagen, der Geist entsteht nicht aus dem Nichts heraus. Wir sind nicht Herausgewirbelte aus dem Nichts, sondern wir sind, also sagen wir, entstehen aus einem … , wir sind eine Konfiguration eines kosmischen Gesamtbewusstseins, und haben da unseren eigenen Weg. Und das ist das, da ist etwas, was uns verbindet. Dass das, wie man dazu kommen kann, ist eigentlich ganz einfach, weil, warum soll denn, warum soll denn irgendein, eine Gegend der Welt, eine Zone der Welt, davon ausgenommen sein, wo Leben ist. Es ist prinzipiell Leben möglich. Es ist einfach. Ich finde die Vorstellung der oasenhaften Seltenheit des Lebens in diesem Kosmos, was die Physik da beschreibt oder die Kosmologie, das finde ich einfach, als wenn

ich vollkommen falsch gedacht [hätte] und auch ganz unzulänglich und auch irrsinnig irgendwie. Weil, es kann doch
nicht ernsthaft der Fall sein, wenn ich einen Ausschnitt sehe,
was man ja oft sieht in den Fotos, diese vielen Galaxien, ja
was sieht der Physiker? Ja, heute denken 14-jährige, sie können die Entwicklung von Galaxien bestimmen am Computer.
Was sehe ich? Ich sehe auch nicht in die Galaxien rein, aber
für mich ist jede Galaxie ein eigener Organismus über alles
Leben. Es kann auch gar nicht anders sein. Wir leben in einer grundlegend, einer umfassend lebendigen Welt. Alles atmet einfach. Das ist kein Phantasma, und darüber Aussagen
zu machen, wie die Galaxien wirklich sind im Einzelnen
kann man gar nicht. Das ist ja absurd. Auch, dass das alles
glühende Gasbälle sind, das finde ich eine aberwitzige Theorie.

**GK:** Aber das ist doch interessant. Du sagst es. Man kann
nicht sagen, dass die Sonne ein glühender Gasball ist, aber
man kann sagen, dass sie ein Lebewesen und ein Organismus ist.

**JK:** Ja, man kann. Es gibt bestimmte [Indizien], sagen wir
mal so, was ich vorhin ja angedeutet habe. Also, viele sagen
nein, der Kirchhoff, oder was der so sagt, ja, okay. Also die
Sonne ist in diesem Sinne keine Sonne nach meiner Überzeugung, dass es nun ein glühender Gasball wäre, ja so, sondern dann würde auch die klare, die klare Kreisform so gar
nicht in der Sonnenscheibe erkennbar sein. Und viele andere Punkte, das habe ich ja oft genug auch dargestellt, das
würde gar nicht gehen. Also das Licht ist auch allgegenwär-

tig. Überall sind diese sich verschränkenden und ineinandergreifenden Felder, die das ständig auch verändern. Das ist, das finde ich, eine Albtraumvorstellung, kann man sagen, der Kirchhoff, der kann das einfach nicht hinnehmen, weil er idealistisch-romantisch denkt, der findet es einfach, macht ihm einfach sein Leben unfreundlich, wenn das überall so sein soll, ja. Das ist aber eine ganz billige, eine billige Sache, weil, ich bringe ja auch in dem Buch und in anderen Büchern auch bestimmte Argumente dafür. Ich denke ja auch nicht nur spirituell, ich denke ja auch ganz rational. Also ich habe ja richtig, richtig gute Argumente auch. Also es ist ja nicht von mir, dass ich, nun ja, wie so viele spirituelle Menschen so und sich selbst so toll finden und ganz spirituell, der Weltgeist ist sowieso in meiner Nähe und haben aber nichts zu bieten, wenn es um Argumente geht. Aber ich kann da mithalten, ich kann Gegenargumente bringen, und ich kann auch auf der Diskussion ..., wie auch die Frage des Urknalls ..., ich bin ja einer der Hauptkritiker des Urknalls, und ich habe auf dem Podium mit den Physikern auch eine ganz gute Figur abgegeben. Und das war auch so, wurde auch so anerkannt. Ich kann da was zu sagen, ich bin nicht plötzlich ..., also ich muss nicht plötzlich stammeln als spiritueller Mensch oder so, sondern ich habe ..., okay, gut, dann würde ich sagen, reden wir über Gravitation, reden wir über Licht. Was ist Licht? Was ist mit dem Welle-Teilchen-Dualismus? Was ist mit der Quantentheorie? Zu allen diesen Punkten kann ich was sagen. Ich kann mich überall einmischen.

**GK:** Und das sind aber eher Gegenargumente gegen das herrschende naturwissenschaftliche Bild von zum Beispiel der Sonne, der Entstehung des Universums.

**JK:** Aber es heißt nicht, dass die Kosmologie, dass das alles grundsätzlich falsch wäre. Das würde ich nie behaupten. Manches stimmt natürlich auch, also die Kugelform der Erde oder angenäherte Kugelform der Erde, die ist nicht ernsthaft zu leugnen. Also ich meine die Flacherdler, die es ja eine Weile mal zu ziemlichen Ruhm gebracht haben, seit 2014, ... eigenartig. Plötzlich hat man hunderte von Videos der Flacherdler gesehen. Das ist alles absurd. Aber so blöd war es als Fragestellung dann doch nicht, um das mal kurz zu erwähnen. Die haben ganz kluge Fragen gestellt. Zum Beispiel die Frage, die ich auch gerne aufgreife. Vielleicht haben wir [die] sogar schon mal in einem früheren Video genannt. Wenn wir beide so sitzen, wo diese Kugel, auf der wir beide sitzen und unsere Zuschauer – und [die sich] überhaupt mit 30 Kilometer pro Sekunde um ein anderes Gestirn mit einer rasenden Geschwindigkeit bewegt – : Warum merken wir nichts davon? Diese Frage hat am Anfang des Kopernikanismus die Leute in den Wahnsinn getrieben, weil, siehe Bertolt Brecht, Galilei und auch die ... , was heißt das? Und ich behaupte, dass die herrschende Physik darauf im Grunde nie eine Antwort gegeben hat. Es gibt die Antwort Newtons, der ganz einfach sagt, die Grundbewegung ist die geradlinig-gleichförmige Bewegung, und die wird dann rumgebogen durch die Gravitation. Das ist identisch mit der Ruhe. Eine unglaubliche These, die überhaupt phantastisch ist für mich, [sie] ist ein Phantasma. Wenn man heute Physiker das fragt, die können darauf auch keine Antwort geben. Genauso können Physiker ... , die kommen sofort, ich weiß es aus langer

Erfahrung, lieber Gunnar, seit Jahrzehnten Erfahrung, wenn man die fragt: Was ist eigentlich mit der Gravitation im Gestirnkern? Ist sie null, oder ist sie besonders groß oder wie? Die wissen es nicht. Weil, es ist ein ganz großes Rätsel, wie das überhaupt möglich ist, dass wir auf einem schwebenden [Planeten leben]. Schweben wir eigentlich, oder steuert das irgendwas? Was ist das überhaupt? Und das [sind] ganz zentrale Fragen. Und diese Fragen sind nicht geklärt, und die Fragen sind aber enorm wichtig. Also was ist die Gravitation? Die Physiker, Gunnar, das kannst du mir wirklich glauben, können nicht einmal erklären, warum es überhaupt kosmische Bewegungen gibt. Es gibt keine kausal überzeugende Bewegungslehre. Das haben sogar Physiker selbst zugegeben. Carl Friedrich von Weizsäcker, der einer der Klügsten war, auch Philosoph, sagt auch, das ist ein kausales Paradoxon. Wir wissen es nicht. Es ist ein Rätsel, wie das überhaupt möglich ist, ja.

**GK:** Aber das ist ja die eine Seite, sozusagen als Gegenargument gegen dieses Weltbild anzuführen. Da sind zu viele Mängel noch an Erklärungen, die sie eben selber auch zugeben dann. Deswegen erscheint es mir nicht plausibel, warum die Sonne ein glühender Gasball sein soll. Auf der anderen Seite sagst du ja aber auch, du hast Argumente für dieses integrale oder spirituelle Weltbild, was dich eben nicht nur stammeln lässt, und das muss man halt erfahren. Aber, und du sagst aber, auch hier in dem Interview öfter, das ist eine Denknotwendigkeit. Ich glaube das, ich bin davon überzeugt. Aber was wäre das Pro-Argument für diese spirituelle Weltsicht, dass alles belebt ist, die Allgegenwart von Leben und

Geist?

**JK:** Richtig, ich weiß, was du meinst, oder ich glaube zu wissen, was du meinst. Du kannst mir gerne widersprechen, wenn ich was falsch verstanden habe. Du meinst, ich könnte ja auch rein rational, sozusagen physikalisch, kosmologisch auch argumentieren und müsste ja gar nicht eine spirituelle Ebene bemühen.

**GK:** Das weiß ich nicht, nur wenn du das behauptest. Oder hier, das Universum ist nicht tot, weil wir nicht tot sind. Amit Goswami, ein Physiker aus den USA, hat das gesagt, den du zitierst. Okay, jetzt möchte ich ein Argument dazu hören, ein rational nachvollziehbares.

**JK:** Das ist ein ganz einfaches. Das hat mit der, wenn man so will, mit der Holon-Vorstellung zu tun. Das muss alles zusammenhängen. Das eine Holon bedingt das andere, dass das da eine Ausnahme wäre, das ist eigentlich unglaubwürdig, das ist nicht wirklich plausibel, aber es muss immer noch nicht spirituell sein. Die ... , also ich könnte ja auch sagen diese ... , was ich ja auch zum Teil tue, auch in dem Kosmologiebuch, was ich dir ja mal geschenkt habe, dass man bis zu einem gewissen Grade ja auch diese Dinge rational fassen kann und auch argumentativ vorgehen kann, ohne dass ich das Spirituelle bemühe. Aber ich glaube ja, dass diese Raumenergiefelder tatsächlich auch irgendwas mit Göttlichem zu tun haben. Aber das würde ich nicht in die Gegend posaunen und da durch die Lande laufen und die Pauke schlagen, wie viele spirituelle Geister schon bei der Quantentheorie sozusagen in spirituelle Verzückung geraten, was einfach absurd ist. So einfach ist es einfach nicht. Da muss man ganz genau unterscheiden. Und da bin ich dann auch eher ganz zurückhaltend. Also wenn mir ... , also bin da eher, dann, so ist es ja oft, ich weiß nicht, ob ich das auch schon mal gesagt habe, dass das spirituelle Geister mir oft vorwerfen, ich sei zu rational, weil ich das ... und umgekehrt, dass rationale Geister mir vorwerfen, ich sei zu spirituell. Die begreifen nicht, dass ich ja beides versuche zu sein. Also ich kann ganz hartleibig und rational auch argumentieren, also wir können auch, könnten darüber reden, über ein Einzelphänomen, wie sieht das eigentlich aus, und da kann ich wirklich ... , dann können wir nur dabei bleiben.

**GK:** Ja, bleiben wir ruhig bei der Frage, ist die Sonne ein belebtes Gestirn? Sind das kosmische Lebewesen, unsere Gestirne? Da hätte ich gern ein rationales, vielleicht auch sogar empirisches [Argument].

**JK:** Wenn man von der Grundannahme ausgeht, dass die Gestirne Raumenergiefelder verstrahlen, das heißt, dass das in der Gravitation sich zeigt, dann ist es eine grundlegende Annahme, die sehr plausibel ist. Man kann diese Phänomene, Gunnar, es gibt die Phänomene, okay, die gibt es, so. Wie werden sie interpretiert? Ich kann sehr wohl diese, diese Lichtphänomene anders interpretieren. Es ist nicht so, da bin ich übrigens auch nicht der einzige, das gibt es ja auch, [Pierre-Marie] Robitaille glaube ich, hat das gemacht, der auch gezeigt hat, dass je nachdem, wenn man genau beobachtet, was gesehen wird auch an den Protuberanzen usw., muss man zur Schlussfolgerung kommen, dass da eine Oberfläche ist, eine klare Oberfläche und kein Gasgemisch. Auch hier, Alexander Unzicker hat das auch schon mal angesprochen. Also es gibt schon auch Argumente in der Richtung, und da müsste man sehr ins Detail gehen, und das kann man machen. Das ist ja nicht so, dass das selbstverständlich wäre. Was heiß wirkt, muss nicht heiß sein. Das sind ja alles keine empirischen Werte, das habe ich ja in meinem Buch auch mehrfach gezeigt. Wie kommt man überhaupt auf diese Werte? Das ist eine ganz bestimmte Schlussfolgerung, ganz komplexe Dinge, die werden ja nicht direkt gemessen, das wird ja nicht [direkt] gemessen. Genauso wie man den Urknall nicht messen kann. Genauso kann man auch nicht wissen, wie die Andromeda-Galaxie eigentlich im Innersten ist. Das sind alles ... , warum bewegt die sich auf uns zu, während andere sich von uns weg bewegen? Warum kritisiere ich den Urknall? Weil ich der Auffassung bin, dass die Verstrahlung der Raumenergie unserer Erde und des Sonnensystems schwächer wird, und je schwächer es wird, zieht [sie] sich quasi zusammen, und dann flieht der Kosmos sozusagen spiegelbildlich. Aber in Wirklichkeit ist es gar nicht so. Also, über alle diese Punkte kann man sehr differenziert reden, das kann man schon durchaus machen. Also das ist aber eine Facette des Ganzen. Auch in dem Buch dieser 14 Essays kommen ja viele Aspekte raus. Das ist ja auch Leibphänomenologie, die mich ja auch sehr interessiert. Beobachtungen des eigenen Leibes und grenzüberschreitende Erfahrungen. Das spielt ja alles hinein, und das habe ich bewusst so zusammengestellt, weil ich andeuten, weil ich zeigen will, der Kirchhoff denkt tatsächlich diese Dinge alle zusammen. Auch Musik kommt dann vor und grenzüberschreitende Erfahrung usw., weil ich versuche, das alles zusammenzudenken. Das ist vielleicht nicht möglich, aber irgendwie kriege ich es in meinem Kopf zusammen.

**GK:** Dann lass uns das auch noch mal konkret beziehen auf das Heute auch. Wie könnte ein solches Weltbild uns bewahren vor dem, was uns in den letzten zwei Jahren passiert ist? Ist vielleicht ein bisschen platt gefragt. Wir kommen jetzt vom Kosmos und vom Menschenbild, das du auch zeichnest und von Leiberfahrung noch mal auf die ja politisch-gesellschaftliche Ebene zurück. Aber du machst ja diese Verbindung auch in deinem Vorwort. Also wären wir gefeit davor gewesen in einem Zeitalter, in einer Kultur, die eben dieses integrale, spirituale Weltbild, das von einer Weltseele ausgeht, von einem göttlichen Weltwillen, wie du schreibst, hat?

**JK:** Ja, du fragst ja, wäre eine ungeheure Krise wie die Corona-Krise mit einem anderen Grundverständnis der Welt auch möglich gewesen? Nein, wäre sie nicht. Wenn ein … , wenn das tatsächlich tief verankert wäre, wäre das unmöglich gewesen. Das konnte nur passieren, weil sowieso das Lebendige sozusagen ausradiert war. Das sieht man ja. Ich sage es noch mal, diese Abstraktion ist ja in den, in dem wunderbaren Nils Ferguson vom Imperial College und bis hin zu unserem geschätzten Gesundheitsminister, ja, das sind ja alles Phantasmen, die ja auch überhaupt gar nicht empirisch gestützt sind. Das würde … , nein, man würde gar nicht auf den Gedanken gekommen [sein], das so zu machen, das wäre unmöglich. Man hätte von vornherein sehen können, das hat mit dem Menschen zu tun, das [hat] mit dem Immunsystem zu tun, das hat noch ganz andere Gründe. Da müssen ganz andere Dinge einbezogen werden, psychologische, soziale Kriterien. Und was ist der Mensch überhaupt? Ist es überhaupt richtig, von außen ein abstraktes Modell an ihn anzulegen und das ganze Leben dadurch bestimmen zu lassen, bis hin zu dem Lockdown, usw.? Nein, wäre nicht möglich gewesen, aber hier ist es möglich gewesen, weil die ganze Grundlage, das alles sage ich mal, auch kontaminiert [war]. Es ist leider so, alles ist kontaminiert, und das ist ja auch ein Punkt, der mich als Philosoph, das weißt du ja auch, beschäftigt, in gewisser Weise ja auch dich. Du bringst ja auch Sachen zum Teil in dieser Richtung. Das alles ist irgendwie besudelt, alles ist irgendwie kaum ein Begriff, ist [kaum] mehr sauber, in Anführungszeichen, verwendbar, alles ist irgendwie vergiftet. Ja, du sagst Solidarität. Ja, was ist das denn? Oder selbst Empathie ist ein wunderbarer Begriff, aber das ist auch kein ganz reiner Begriff mehr, weil du kannst ihn vielfältig verwenden oder oder oder auch Wissenschaft. Also ja, Wissenschaft ist ja eigentlich auch ein Gut. Ich bin ja kein Wissenschaftsgegner. Und weil dies so ist und weil letztendlich die Grundlagen nicht stimmen, kann alles behauptet werden. Das ist der Punkt, den ich zentral nochmal nennen möchte. Wenn keine Grundlage da ist, die sozusagen tief verankert ist, kann alles behauptet werden. Da kann man eben auch sagen, jetzt bauen wir den Menschen um, „Great Reset" usw., und wir pflanzen eben den Chip ein, und dann kommt er zu seinem eigentlichen Bewusstsein, ja, zu seiner Superintelligenz, kosmischer Superintelligenz. Und dann machen wir alles neu, dann bauen wir alles neu. Die Welt ist unzulänglich gebaut, aber wir machen es besser. Das ist ja die Anschauung da, so eine perverse Alchemie.

**GK:** Ja, und vor der wäre man gefeit, wenn man annehmen würde, dass der Mensch als Wesen etwas Ewiges ist, Universelles ist, Objektives ist, was nicht angetastet werden [darf].

**JK:** Ja, wäre man. Wenn tatsächlich eine grundlegende spirituelle Dimension allgemein akzeptiert [wäre], ohne dass es jetzt eine Ideologie sein müsste oder eine Religion oder was. Das wäre nie möglich gewesen, dass man sozusagen auch diese Megatechnik, ich spreche ja vom „Megatechnischen Pharao", so perfektioniert. Ich meine, wie werden wir hier unser Video machen? Ja, dann sind wir auch in der Technik, auch in der Megatechnik, ist ja klar, nicht? Aber ich glaube zum Beispiel, dass langfristig, wenn diese Erdbewohner noch eine Chance haben, dann wird auch das fallen. Ich glaube nicht daran, dass die digitale Welt sozusagen Ewigkeitscharakter hat. Ich glaube, irgendwann wird diese digitale Welt dann auch zusammenbrechen und wie vieles andere auch, wenn es eine Chance gibt, ist ja immer die Frage, die ich ja schon vor Jahrzehnten gestellt habe, in meinen Vorlesungen an der HUB vor 30 Jahren usw.: Sind wir verloren oder haben wir noch eine Chance? Also, und das, wenn wir noch eine Chance haben sollten, das können wir nicht mitnehmen. Also diese Megatechnik in dieser Form, wie sie existiert mit allem was dazugehört, das Plattmachen des Lebendigen, umfassend gesehen, die Versklavung ja auch im Geiste und dieser Irrsinn mit dem Impfen usw., das kann man ja nicht ... , da wird einem ja schlecht, wenn man daran denkt. Ja, das alles, das kann ... , wenn das nicht fällt, dann ist nichts zu wollen. Also das glaube ich schon. Insofern glaube ich dann ganz klar zu sagen, nur in einer an sich schon kontaminierten und letztlich desaströsen Grundverfassung auch der Menschen selber wäre das möglich. Die Menschen sind auch im Grunde genommen tief neurotisiert, auch übrigens durch das Weltbild neurotisiert. Die Menschen brauchen doch den Sinn. Wir haben doch damals auch gesagt, glaube ich, Gunnar, in unserem letzten Video, oder habe ich das jetzt falsch in Erinnerung, dass ja auch die Maske und so eine Sinnfunktion hat? Na ja, Gott, ich habe diese Maske, sieht man jetzt ja, obwohl die Maskenpflicht in Supermärkten abgeschafft ist, trotzdem laufen doch viele dann noch immer mit Maske rum, und man fragt sich: Warum eigentlich? Ja, weil sie das Gefühl haben, ganz tief in [sich], das ist doch sinnvoll. Es ist doch immer noch gefährlich, wie es vorher war. Das hat sich doch gar nicht geändert. Also [ist da] auch die religiöse Komponente darin. Aber wie wir da wirklich rauskommen, ich glaube, da muss noch was anderes passieren. Ich bin nicht der Prophet, der das jetzt so an die Wand malt.

**GK:** Aber es gibt einige Propheten, die sagen würden, wir kommen da raus mit noch mehr Wissenschaft, mit noch mehr Forschen, mit noch mehr Technik auch und dem, was du kosmische Verantwortung nennst. Ein interessanter Begriff, über den wir gerne sprechen können. Wir reden ja, dem kommen wir doch entgegen, indem wir die Welt eben verändern, besser machen mit Technik und den Menschen auch [verändern/besser machen].

**JK:** Du hast ja ganz schön in einem Video von dir Klaus Schwab erwähnt. Du hast doch auch ganz gut gesagt, habe ich das irgendwie in Erinnerung, dann korrigiere mich, wenn ich es falsch sage. Ja, ja. Was habt ihr denn einzuwenden gegen Klaus Schwab? Der hat doch alle grüne Ideen aufgegriffen im Great Reset. Ist doch alles da. Und kann Krankheiten verhindern, viel frühzeitiger erkennen. Ihr seid viel gesünder, euch geht es besser. Die Freiheit ist zwar irgendwie, sagen wir mal im Eimer, aber letztendlich geht es euch doch besser. Was wollt ihr eigentlich? So kann man ja mal polemisch fragen. Das hast du ja getan.

**GK:** Dank der Technik und Wissenschaft.

**JK:** Dank der Technik und Wissenschaft.

**GK:** Dank der Organisation unseres Lebens.

**JK:** Richtig. Und du kannst alles. Dann vielleicht ist alles heilbar, und vielleicht würden wir viel älter und vielleicht wird alles viel, viel schöner und alle Kritiker sind einfach Miesmacher oder Ignoranten, die überhaupt nichts verstanden [haben], die ewig Gestrigen.

**GK:** Wie würdest du auf so einen Vorwurf: Der [Kirchhoff] versteht nicht die Entwicklung der Neuen Welt, [reagieren]?

**JK:** Ja, ich würde sagen, okay, dann der ewig Gestrige. Ich bin der ewig „Übermorgende", wie soll ich sagen, es gibt ja bei Nietzsche ein schönes Wort, das kennst du ja. Der sagt ja mit Bezug auf die Ouvertüre von Wagners „Meistersinger": Das ist eine Musik „von vorgestern und von übermorgen". Und ich sehe mich selber als jemand von vorgestern und von übermorgen. Und insofern sage ich, ja gut, okay, ewig gestrig, da gibt es viel hinter uns was durchaus gut ist und woran man anknüpfen kann. Also diese Geschichtslosigkeit der heutigen Zeit, die ist ja monströs. Also, wir wissen gar nichts über Geschichte, über geschichtliche Bögen und Entwicklungen. So, aber auf die Zukunft [hin] und übermorgen. Also ich fühle mich als jemand, der, wenn ich mir erlauben darf, Nietzsche zu zitieren, auf mich das anwenden [darf], also von vorgestern und von übermorgen. Und wie sieht es mit dem Heute aus? Das können wir ja auch bei den Deutschen fragen. Als die Deutschen das Heute gefeiert haben, war 1933, nicht? Also das ist ja so, das wissen wir ja.

**GK:** Na dann lass uns aber noch mal nach dem Vorgestern und dem Gestern auch fragen. Wenn ich mir die Frage stelle, wo sind wir denn falsch abgebogen in unserer Kulturgeschichte? Wo hat die Denkbewegung und die Geistesgeschichte den Weg hin zu diesem, eben zu dieser Diktatur der Abstraktion gemacht? Und wo müsste man ansetzen? Mit welchem anderen Denken müsste man also vielleicht, auch mit welchen Vorläufern und Denkern, die Du ja auch zitierst, in deinem Buch, müsste man ansetzen, um dem wieder etwas entgegenzuhalten.

**JK:** Ja, man müsste im Grunde ... , das ist natürlich ganz schwierig, viele würden dann sagen, na ja, das ganze Patriarchat müsste man einfach richtig aufräumen. Vor fünf-, sechstausend Jahren usw., da ist das alles schon angelegt.

**GK:** Claudia von Werlhoff.

**JK:** Claudia von Werlhoff ist so ein Beispiel. Ja, ja klar. Ich habe auch einen Dialog mit ihr in diese Richtung. Das kann man machen, ja, kann man. Aber das ist mir dann doch zu ideologisch verkürzt, und das ist mir dann … , also man kann auch, sagen wir mal, wenn man einen Punkt nennen will, es wird ja immer gesagt: Wo ist denn diese Weiche gestellt worden? Das kann man in Griechenland ganz gut verfolgen, wo das war. Das war mit dem Sokratismus. Das vorsokratische Denken hatte noch diesen, sage ich mal, auch Ganzheitsanspruch. Ich benutze das Wort sehr ungerne, weil es abgegriffen ist, auch kontaminiert, ja, populistisch usw., aber die vorsokratische Philosophie hat da noch einen Ganzheitsanspruch. Heraklit vor allen Dingen, aber auch Anaximandros und andere. Aber mit Sokrates ändert sich was, und bei Platon ist es eine eigenartige Mischform. Platon hat auch noch diese alte ganzheitliche Sicht, die hat er noch im „Timaios" usw., das hat er alles noch. Aber er ist doch ganz stark durch den Begriffsfetischismus, würde ich sagen, oder Begriffsabsolutismus von Sokrates beeinflusst. Und dann geht es immer mehr in diese abstrakte Richtung. Auch die Sophisten, die dann auftreten usw. Alles ist „anything goes", das gibt es ja schon bei den Sophisten, und dann zerbricht das, und dann kommt das Christentum. Das ist ja auch eine … , wir sagen … , wie soll ich sagen, [das] hat ja auch ganz stark ..., es kann ja keiner ernsthaft bestreiten, in der Grundanlage ganz stark lebensfeindliche Züge. Die christliche Erlösung hat ja auch fragwürdige Aspekte, sage ich mal gelinde. Und das kommt dann zusammen, und das wird dann zusammengeführt. Und so macht es den Menschen ja auch klein, macht ihn zum elendigen Sünder, macht ihn klein. Der muss erlösungshungrig dann irgendeinen Halbgott anbeten, ja, und wie auch immer. Also da gibt es ganz fatale Weichenstellungen, und die gibt es überall. Und kann man das zurückgewinnen? Tja, dann wo, wo setzt man an? Wenn ich hier in Berlin bin und und sehe, was um mich herum passiert? Ja, was würde man sagen? Du kannst durch einen Zauberstab entscheiden, was jetzt wird. Ja, das ist absurd. Diese Frage allein schon. Ich weiß es nicht. Es müsste eine tiefere, also die Kulturrevolution, die eigentlich angezeigt wäre, wenn wir da noch eine Chance haben, müsste von innen kommen, aus der Tiefe heraus, und zwar mit einem gewissen substanziellen Anteil der Bevölkerung. Dann haben wir auch schon mal kurz drüber gesprochen, nicht, oder auch gemailt mal, die mit einem substanziellen Anteil der Bevölkerung [verbunden wäre]. Wie hoch wäre der? Weiß ich nicht. Vielleicht reichen 10% schon aus, vielleicht noch weniger. Also wäre möglich, dass das ginge. Aber ganz, ganz schwer zu sagen. Und auch politische Umsetzbarkeit ist dann immer auch noch ein anderes Feld. Da kommen Egoismen, Eitelkeiten, die Unzulänglichkeiten, die wir alle haben. Der möchte ..., der möchte der Erste sein, der findet sich selbst ganz toll und den anderen findet er eigentlich ..., der ist irgendwie faul oder so, ja, der ist ... oder im Sinne von: Da stimmt irgendwas nicht, denn der verdächtigt den oder so, nicht, das sind ja alles so Eigenschaften im Menschen, so wird das alles wieder kontaminiert wie alle religiösen und spirituellen Gemeinschaften, das ist ja fast immer so gewesen, das wissen wir ja. Also da gibt es leider kaum eine Ausnahme, mit ganz wenigen Ausnahmen. Wenn ich Ausnahmen [sehe], habe ich meine Schwierigkeiten. Aber das heißt ja nicht, dass man das grundsätzlich ablehnt. Auch ein dezentrales Organisieren, was du ja auch mal favorisiert hast, ein dezentrales, ein Schaffen von dezentralen kleinen Zonen, philosophische Inseln quasi, ist ja auch ein wunderbarer Gedanken. Weißt du, dass ich da zugestimmt habe? Toll. Wir philosophieren gerne unterm Sternenhimmel. Ja, Umbrien? Ja, genau, da bin ich ja ganz begeistert gleich gewesen. Und das ist natürlich auch ..., das sind alles doch Ansätze, die sind ja immer noch lebendig. Das ist ja nicht, dass das alles weg wäre. Aber man muss auch losgehen, auch wenn man weiß, dass es unzulänglich ist. Man kann nicht von vornherein alles sich absichern.

**GK:** Und wenn man dann losgeht oder bevor man losgeht, braucht diese Bewegung oder brauchen diese 10% eine Art spirituellen oder philosophischen, ich will nicht sagen Führer, aber [ein] Vorbild, so wie man vielleicht auf der einen Seite sagen könnte, die Götter des mechanistisch-naturwissenschaftlichen Weltbildes sind vielleicht Sokrates sogar oder Newton, Galilei, Einstein vielleicht. Wer wären die Götter, philosophischen Götter oder Vorbilder dieses anderen Weltbildes?

**JK:** Na ja, gut. Ich könnte dann Namen nennen, und das habe ich ja auch gemacht. Also ob das nun die Götter sind, weiß ich nicht. Aber der Giordano Bruno, der von der Inquisition verfolgt und dann brutal zu Tode gebracht wurde im Jahr 1600, ist auf jeden Fall ein überragendes Genie, der ein gigantisches Werk hinterlassen hat, also wirklich bewunderungswürdig. Der kommt ja auch vor in meinem Essay. Ich habe zwei Vorträge über Bruno da drin. Das ist auf jeden Fall eine Möglichkeit. Dann schätze ich den Philosophen Helmut Krause, der vor einem halben Jahrhundert gestorben ist, den auch kaum einer kennt. Aber so ein bisschen bekannter ist er jetzt geworden durch meine Aktivitäten auch, den ich kolossal schätze. Und es gibt viele wunderbare Geister. Das ist auch Goethe, würde ich dazu nennen, auch Schelling als Philosophen. Das ist einfach [ein] wunderbarer Geist. Es gibt viele. Oder Franz von Baader, auch andere. Da gibt es einen [Aufschwung] auch vor 200 Jahren, war ja so richtig, Deutschland stand ja gut da, sage ich mal, wo man sich fragt: Wo sind die eigentlich alle geblieben, ja? Und ich freue mich natürlich auch immer, wenn ich in manchen, auch auf meinem Kanal oder so, wenn ich dann so Kommentare von Zuhörern erhalte, wenn die sagen, ja, ich sei so jemand, ja dann, dann sage ich, dann schreibe ich mir das nicht so zu. Aber ich sage ja, freut mich, wenn ihr das so seht. Aber ja!

**GK:** Es ist zumindest eine Denktradition, die du wieder aufnimmst und die auch verschütt gegangen [ist].

**JK:** Ja, die irgendwie verschüttet ist, wie manche sagen, obwohl es ja eine Sehnsucht danach gibt, nicht. Ich meine, das hast du auch ... , du hast ja nicht umsonst am Ende von deinem Kultbuch „Der Kult" auch Novalis zitiert: „Wenn nicht mehr Zahlen und Figuren sind Schlüssel aller Kreaturen … ". Ja, ja. Also das ist ja auch ein wunderbares Zitat, oder? Da, wir haben ja eine Sehnsucht. Novalis ist ja auch so eine Gestalt. Übrigens insofern mir ähnlich, obwohl ich auch meine Distanz zu Novalis habe, als auch er ganz scharf rational denken konnte. Er war ja auch Bergbaufachmann und auch gleichzeitig spirituell. Der hatte das zusammen, und das finde ich immer hochinteressant. Für mich sind Leute immer am interessantesten, die ganz verschiedene Dinge zusammenführen. Das machst du in Teilen ja auch auf eine andere Weise, nicht. Also du rekurrierst sehr viel auf Philosophen, die sehr rational orientiert sind und manchmal denke ich das auch. Ich würde dich da nicht kritisieren, aber ich würde sagen, na, den würde ich nicht unbedingt erwähnen, weil du weißt gar nicht, wenn die wirklich heute wären, weißt du nicht, was die wirklich gedacht hätten. Wir haben ja unsere Enttäuschungen schon erlebt.

**GK:** Ja, ja, mehr als genug.

**JK:** Und manche, die jetzt schon längst vorher gestorben sind, wie die sich heute verhalten würden, das wissen wir überhaupt gar nicht.

**GK:** Ich finde es dann immer gut, sie aber beim Wort zu nehmen. Sie haben das damals geschrieben. Ich darf das so deuten. Das ist ja auch interpretationsbedürftig?

**JK:** Ja klar, natürlich darfst du es deuten. Und es gibt auch viele gute, rationale Geister. Ich freue mich immer über ... , bei aller Spiritualität und bei aller ... , auch das Sehnen nach dem Ganzheitlich-Romantischen, wenn ich das so sagen [darf]. Ich freue mich trotzdem, wenn ich klare, rationale Geister habe. Weil, es ist auch ... , hat Seltenheitswert, denn die meisten Menschen haben diese Klarheit überhaupt gar nicht. Ich freue mich sehr auch mal, ich mache das auch sehr gerne und habe es auch in meiner Universitätszeit oft gemacht, mal ganz rational erkenntnistheoretische Prinzipien durchzudiskutieren, hier mit [Michael] Esfeld oder so, den kenne ich jetzt nicht [persönlich], aber der kann da sehr klar denken, und das finde ich wunderbar. Ich bin ein Mann, der die Argumentation liebt. Ich liebe auch die Diskussion, obwohl ich auch immer wieder glaube: Wie weit kann sie führen? Das weiß ich nicht, bin da eher skeptisch. Aber ich bin auch da vollkommen einverstanden. Ich will nicht eine Spiritualität, die das Erbe, die das beste, das gute Erbe der Aufklärung, einfach über Bord wirft, sondern das sind Wunder. Auch [Georg Christoph] Lichtenberg, für mich ein ... , den bewundere ich sehr. Im 18. Jahrhundert ist [er] ein ganz glasklarer Denker, brillanter Stilist wie wenige andere in der deutschen Sprache. Und dies halte ich auch hoch, also den klaren Geist, die Argumentation, die Vernunft im besten Sinne. In diesem Sinne favorisiere ich auch die Vernunft. Also ich will nicht ins Irrationale, in diesem Sinne abkippen, obwohl ich weiß, dass die Vernunft auch ihre Grenzen hat, also auch die Kritik. Aber wenn ich meinen Ansatz mit Kant umschreiben darf, ich würde sagen: Es ist eine Kritik der reinen kosmologischen Vernunft, die ich kritisiere. Also ich würde das nicht so nennen. Einer damals hat gesagt, ja, da müsste man das ganze Buch so nennen, damals. Ja, aber die Kritik der reinen kosmologischen Vernunft, die greife ich an, und so kann es nicht gehen. Aber die Vernunft selber ist ja mehr als Verstand. Auch der Verstand ist ja gut. Ich meine, ich sage ja nicht, dass der Verstand des Teufels ist, sondern das sage ich ja gar nicht, sondern der Verstand ist wichtig, auch zur Alltagsorientierung. Wir brauchen auch „down to earth", wir brauchen den Verstand auch, wir brauchen auch einen klaren Kopf und nicht, um nicht sozusagen „verschwurbelt" [zu sein]. Um jetzt mal das blöde Wort zu benutzen, was uns da so angehängt wird, die Kritik [wäre] verschwurbelt. Das finde ich auch alles gut und trotzdem durch alles hindurch. Dass dieses Spirituelle gleichzeitig und die Hoffnung, dass doch irgendwie die Dinge sich wenden mögen und dass vielleicht durch einen jetzt schwer begreifbaren kosmischen Faktor dann die Dinge sich wenden. Das ist meine Hoffnung. Und ich bin ja nun kein junger Mann mehr. Ich denke, auch, ich erlebe das noch. Viele sagen, das ist doch Quatsch, das können Sie doch gar nicht mehr erleben. Aber du bist ja viel zu alt dafür. Aber gut, gut, das sagen die Menschen so und sind da sehr skeptisch. Was meinst du damit und so? Aber ich habe da eine Hoffnung und in irgendeiner Form, die kann ich einfach nicht loslassen, diese Hoffnung. Und da wird gesagt, der Kirchhoff, der hat diese Hoffnung. Hast du ja damals auch zu mir gesagt in unserem letzten Interview. Das kann man ja auch anzweifeln. Du möchtest das alles nicht, und letztlich hast du doch gar keine Wirkung. Aber Wirkung hat man ja doch. Du hast ja auch eine große Wirkung mit deinen Sachen, die du gemacht hast, doch eine erhebliche Wirkung. Und das ist … , ich finde, dass man unermüdlich doch das, wenn man etwas zu sagen hat, unterstellt, man hat was zu sagen, sollte man es auch sagen, finde ich, bis zu einem gewissen Grade. Man muss dann nicht sich aufblähen und zum Guru machen oder zu dem, der nun alles erklären kann. Davon bin ich weit entfernt. Ist einfach kalter Kaffee. Das ist einfach. Es ruiniert einen. Ja doch, das ist ja absurd.

**GK:** Lieber Jochen, lass mich zum Abschluss noch nach dem Begriff, wir haben ihn angesprochen, [der] kosmischen Verantwortung fragen. Gerade wenn du jetzt auch so ein bisschen diese Bescheidenheit da herauskehrst und sagst, man kann ...

**JK:** Nimmst du mir das ab?

**GK:** Ja, aber ich möchte jetzt doch einen gewissen Konflikt hier auch zeigen, den ich dann habe, wenn ich davon lese, der Mensch habe eine kosmische Verantwortung. Das ist ja eine starke Behauptung. Erstens würde ich fragen, die meisten Menschen kriegen es ja nicht mal hin, ihr eigenes Zimmer aufzuräumen. Ist das nicht eine totale Überforderung? Und ist das nicht auch zu vage? Was bedeutet kosmisch? Bin ich jetzt dafür verantwortlich, dass sich die Erde um die Sonne dreht – oder was bedeutet das?

**JK:** Aber gut, du hast vollkommen recht, was du mit der Verantwortung beschreibst. Wir wissen, mancher, der versteht nicht das Geringste und kann nicht die geringste Verantwortung überhaupt tragen. Die würden vielleicht ... , ich weiß das, ihr habt das immer wieder auch selbstironisch gesagt, auch in Videos und so, dieses kenne ich natürlich, diesen Punkt. Ich meine, dass zum Sein, zur Existenz des Menschen gehört auch so etwas wie Verantwortung. Wir sind einfach nicht isolierte Individuen. Wir haben auch eine Verantwortung – kosmisch in dem Sinne, dass wie wir die Dinge sehen, hat auch Auswirkungen, sozusagen im seelisch-geistigen Feld. Also, es ist nicht einfach nur, wenn ich zu Hause sitze an meinem Schreibtisch und die Welt sich mir irgendwie in einer bestimmten Weise zeigt, ist es nicht einfach nur im luftleeren Raum, sondern ich glaube, dass das Auswirkungen hat. Also ich appelliere eigentlich an etwas, von dem ich glaube, dass es zum Menschen gehört, wie es auch zum Menschen gehört, das Thema können wir heute nicht ansprechen, aber das können wir gelegentlich mal machen, lieber Gunnar, die Frage von Gut und Böse dann. Das ist ja ein Riesenthema. Das bringst du ja auch in deinem Buch, nicht, das ist ja ein gigantisches Thema, das können wir gelegentlich auch noch mal machen. Also, der Mensch hat eine Entscheidungsmöglichkeit. Du sagst da auch immer wieder mit Recht, es gibt einen bestimmten Punkt, da sagst du dann: Stopp! Hier mache ich nicht mit, hier ist jetzt für mich die rote Linie oder so, ja, und das ist bei mir auch so, und das ist auch Verantwortung. Und man hat Verantwortung auch wie man spricht, was man sagt. Also ich bin mir dessen immer irgendwie auch bewusst, dass man da in der Verantwortung steht. Ich nenne das „kosmisch". Ja gut, kann man vielleicht überhöht finden den Begriff, aber ich finde, zum Menschsein gehört auch eine Verantwortung. Leben und Sterben ist kein Spiel und kein Spaß, also ist auch ernst. Also ich sage ja manchmal, das habe ich auch irgendwo geschrieben, in dem Essay glaube ich nicht, aber woanders: Mensch sein heißt im Ernstfall, [in] der kosmischen Verantwortung stehen. In dem du schon bist, Gunnar, bist du schon im Ernstfall. Das ist schon kein Spaß mehr. Also sozusagen, der Ernstfall tritt ein, und das spürt man irgendwann, wenn es so ist. Da muss ich dir nicht erzählen, das weißt du auch. Und dann ist es auch ..., hat es mit Verantwortung zu tun. Und ich muss nicht derjenige sein, der nun ökologisch [lebt]. Ich versuche auf meine Weise, meinen Fußabdruck relativ schmal zu halten, aber ich bilde mir da nicht ein, dass ich ..., da zeige ich auch nicht mit dem Zeigefinger auf andere Leute. Also diesen moralinsauren Appell, dieses Moralische, das habe ich mir wirklich abgeschminkt, weil, im Laufe meiner langjährigen, meines doch recht langen Lebens, meiner langen Lebenserfahrung habe ich eins gelernt – das bringt gar nichts. Und die Verlogenheit in dem Sinn der sogenannten Moral, [sagt mir] auch meine Lebenserfahrung, ist beträchtlich. Einer mag da das sagen, an der nächsten ..., in der nächsten Facette seines Seins ist es ganz was anderes, ja, das ist schwierig. Also dann ist man bei der Moralfrage, bei Nietzsche, was heißt das usw. Aber das würde ich gerne mal gelegentlich mit dir besprechen, Nietzsches Moral jenseits von Gut und Böse. Also das müssten wir mal machen, ist nämlich hochspannend.

**GK:** Dann haben wir schon einen Ausblick auf das nächste Gespräch. Würde ich sehr gerne machen. Jochen, du hast gesagt, wir sind hier im Ernstfall schon, in dem wir existieren. Das nehmen wir auch sehr ernst. Und das nimmst du sehr ernst in deinem Schreiben, in deiner Arbeit. Trotzdem hat es Spaß gemacht dieses Gespräch, und ich danke dir sehr herzlich dafür.

**JK:** Ja, und ich will noch kurz sagen, dieses Buch „KoSMoS" erscheint bei OVALmedia. Das ist schon längst fertig seit Wochen. Es gab ein kleines Problem mit dem Cover und das müssten wir jetzt in den nächsten Tagen klären und werden es auch klären. Und wenn wir das geklärt haben, ist das Buch da.

**GK:** Vielleicht, wenn das gesendet wird, ist es bereits da.

**JK:** Übrigens 18€ kostet es nur, sage ich mal, und wird in gewisser Weise ein Schnäppchen und wird jetzt aber schon zur Voranmeldung freigegeben. Bei OVALmedia kann man das schon anklicken zur Vorbestellung. [Das ist nicht mehr möglich. „KoSMoS" bitte im Buchhandel erfragen.]

**GK:** Man kann es vorbestellen. Vielen Dank für den Hinweis.

**JK:** Ich bedanke mich bei Dir.

**GK:** Danke Dir und euch auch. Vielen Dank fürs Zuschauen. Ich hoffe, es hat euch gefallen. Bis zum nächsten Mal. Macht's gut.

***

# Anhang

Gesprächspartner

### Gunnar Kaiser

Jahrgang 1976 (gestorben im Oktober 2023) studierter Gymnasiallehrer, war auch Autor, politischer Blogger, freier Journalist und Philosoph. Er lebte in Köln. Weitere Informationen unter kaisertv.de und auf dem Youtube-Kanal kaisertv

### Jochen Kirchhoff

Jahrgang 1944 ist studierter Philosoph und Autor, ehem. Dozent für Naturphilosophie an der Humboldt Universität. Er lebt in Berlin. Weitere Informationen unter jochenkirchhoff.de und auf seinem Youtube-Kanal

**Bücher von Gunnar Kaiser**

Unter der Haut (Roman)

Letzte Gedichte

Wie konnte es nur so weit kommen? (Hrsg.)

Der Kult: Über die Viralität des Bösen

Die Ethik des Impfens: Über die Wiedergewinnung
der Mündigkeit

Die Abschaffung des Menschen: Wie das Metaversum
uns überflüssig macht (nicht mehr fertiggestellt)

**Bücher über Gunnar Kaiser**

Raymond Unger
Habe ich genug getan?: In memoriam Gunnar Kaiser


**Bücher von Jochen Kirchhoff** (im Drachen Verlag)

Die Anderswelt
– Eine Annäherung an die Wirklichkeit
2002 / 2020

Die Erlösung der Natur
– Impulse für ein kosmisches Menschenbild
2004 / 2008

Räume, Dimensionen, Weltmodelle
– Impuse für eine andere Naturwissenschaft
2007 / 2024

Was die Erde will
– Mensch, Kosmos, Tiefenökologie
2009

Das kosmische Band
– Der Mensch und seine Bedeutung für das Ganze
2010

Klang und Verwandlung
– Klassische Musik als Weg der
Bewusstseinsentwicklung
2010

## Sonstige Bücher von Jochen Kirchhoff:

KoSMoS – Essays, 2022

Anti-Geschichte der Physik, 2024

Monographien über
Bruno, Schelling, Kopernikus


## Titel der  edition *dionysos*

H. F. Krause: Der Baustoff der Welt
1982 / 2024

Jochen Kirchhoff: Nietzsche, Hitler und die Deutschen
1990 / 2024

Jochen Kirchhoff
Naturphilosophie – Vorlesungen und Vorträge
2024

H. F. Krause
Vom Regenbogen und vom Gesetz der Schöpfung
1982